Begleiter auf den 7 Wegen zur Effektivität

Gewinn

Die ***Begleiter auf den 7 Wegen zur Effektivität*** stellen die Grundgedanken des bewährten Covey-Erfolgskonzeptes zu Zeit- und Lebensmanagement in einer neuen, innovativen Form vor: Die sorgfältig ausgewählte Sammlung provokativer Fragen, witziger Aphorismen und inspirierender Anekdoten trägt dazu bei, ein Gefühl für gemeinsame Vorteile und den Glauben daran zu entwickeln, dass es wirklich für jeden etwas zu gewinnen gibt.

Die kleine Covey-Bibliothek

Begleiter auf den 7 Wegen zur Effektivität

Gewinn

Weg 4:

Gemeinsam mehr erreichen

Aus dem Englischen von Wolfgang Ehle

FranklinCovey

Campus Verlag
Frankfurt/New York

Die amerikanische Originalausgabe erschien erstmals 1999 unter dem Titel »The Portable 7 Habits™. Abundance: Fulfilling Your Potential for Success« bei Franklin Covey Co.

Aus dem Englischen von Wolfgang Ehle

Die Deutsche Bibliothek – CIP-Einheitsaufnahme

Ein Titeldatensatz für diese Publikation ist bei Der Deutschen Bibliothek erhältlich.
ISBN 3-593-37079-4

Umschlaggestaltung: Guido Klütsch, Köln
Satz: WHE Marketing Beratung, Neu-Isenburg
Illustration: Tammy Smith
Druck und Bindung: Druckhaus Beltz, Hemsbach
Gedruckt auf säurefreiem und chlorfrei gebleichtem Papier.
Printed in Germany

Inhalt

Unsere Großzügigkeit gegenüber anderen Menschen ist der Schlüssel für positive Lebenserfahrungen. Jeder hat die Möglichkeit, schön zu sein, erfolgreich zu sein, reich zu sein. Nur unser Denken blockiert diese Möglichkeiten.

Marianne Williamson

Einführung

Die Voraussetzung für ein erfülltes Leben ist der Glaube daran, dass wir es schaffen können und dass wir es verdient haben. Einmal verstanden und verinnerlicht, können Sie mit dieser Haltung Ihr Leben und Ihre Beziehungen aus einem neuen Blickwinkel sehen. Es geht um die gemeinsame Teilhabe am Reichtum dieser Welt, um die Erkenntnis, dass für uns alle genug vorhanden ist.

In diesem Band der Reihe *Begleiter auf den 7 Wegen zur Effektivität* haben wir ein bewährtes Prinzip des Konzeptes der *Sieben Wege zur Effektivität* von Stephen R. Covey vereinfacht dargestellt, um Ihnen mit der Entdeckung der einfachsten und erfolgversprechendsten Wege zu einem Denken in der Überfluss-Mentalität zu helfen.

In diesem Buch gibt es keine Anweisungen, denen man folgen muss. Keine Instruktionen. Keine Vorschriften. Und keine Formeln für Erfolg. Stattdessen finden Sie eine Sammlung von anregenden Fragen, inspirierenden Zitaten und lehrreichen Anekdoten.

Wenn Sie jetzt umblättern, lesen Sie nicht nur mit dem Verstand – lesen Sie auch mit Ihrem Geist, mit Ihrer Seele! Denken Sie über das Gelesene nach. Erwägen Sie, ob und wie es Veränderungen in Ihr Leben bringen kann. Lassen Sie sich von den Weisheiten anregen, großzügiger mit sich und anderen zu sein. Es lohnt sich. Verlassen Sie Ihren Ich-zentrierten Standpunkt und entwickeln Sie ein Denken, das Vorteile für beide Seiten sucht.

Machen Sie es sich zur Gewohnheit,
im Gewinn/Gewinn-Paradigma zu denken.

Weg 4:
Gemeinsam mehr erreichen

Entwickeln Sie ein Gewinn/Gewinn-Denken

Interaktion

Der wirklich effektive Mensch hat die Demut und Ehrfurcht, seine eigenen beschränkten Erkenntnismöglichkeiten wahrzunehmen und den hohen Nutzen der Zusammenarbeit mit dem Herzen und Geist anderer Menschen zu würdigen.

Stephen R. Covey, Die sieben Wege zur Effektivität

Ich bin er, so wie du wir bist. **Wir sind eine Einheit.**

John Lennon und Paul McCartney

Sie können nicht wirklich mit anderen zusammenarbeiten, bevor Sie nicht eine starke Basis echter **Unabhängigkeit** aufgebaut haben.

Freundlichkeit

ist wichtiger als Weisheit,

und diese Erkenntnis ist

der erste Schritt zur Weisheit.

Theodore Isaac Rubin

Je mehr Anteil du an anderen Menschen nimmst, umso mehr wirst du über dich selbst herausfinden.

Thea Astley

Ist es Einbildung oder ist dies das Zeitalter der Rechthaber?

Ich stehe vor dem Trizepsgerät im Fitnessstudio, habe die Gewichte aufgelegt und will gerade mit der Übung beginnen, als eine muskulöse Person in türkisfarbenem Outfit von der Hantelbank am anderen Ende des Raumes aufspringt, herüberspurtet und mich anblafft: »Da will ich jetzt dran.« Spricht's, legt sich noch mehr Gewichte auf und beginnt sich abzuarbeiten. Ich bin versucht, ihr klar zu machen, dass sie möglicherweise den Gedanken hatte, hier weiter zu machen, als sie noch am anderen Ende des Raumes stand – während ich bereits an diesem Gerät war. Und dass sie nicht an Muskelatrophie zugrunde ginge, wenn sie warten würde, bis ich fertig wäre.

Stattdessen entscheide ich mich, nun an der Hantelbank zu trainieren. Das Leben ist einfach zu kurz, um sich über ein Sportgerät zu streiten. Und ich gehöre nicht zu den Rechthabern. Diese Spezies muss sich um alles streiten: um den Parkplatz, die Zimmertemperatur, das letzte Paar reduzierter Designer-Jeans oder gar über die Frage, ob Grillen mit oder ohne Deckel die besseren Rippchen hervorbringt. Nichts ist zu nebensächlich. Alles muss immer nach ihrer Vorstellung laufen.

Margo Kaufman

Weiter so.

Verschönern Sie irgendjemandem den Tag.

Eine Gewinn/Gewinn-Situation auszuhandeln, mag für viele Menschen schwierig sein, denn die meisten haben gerne Recht und ziehen es vor, zu gewinnen, statt den Standpunkt ihres Verhandlungspartners zu akzeptieren. Für viele bedeutet ein Kompromiss, schwächer und dem Gegner unterlegen zu sein, die eigenen Vorstellungen aufzugeben und sich mit etwas abzufinden, das weniger als das ursprünglich Gewollte ist. Aber: Eine echte Gewinn/Gewinn-Situation kennt **keine Zugeständnisse,** denn beide Parteien stehen vom Verhandlungstisch auf und sind dankbar dafür, dass sie das bekommen haben, was sie wollten.

Chérie Carter-Scott

Entdecke mehr in dem anderen als er dir zeigt!

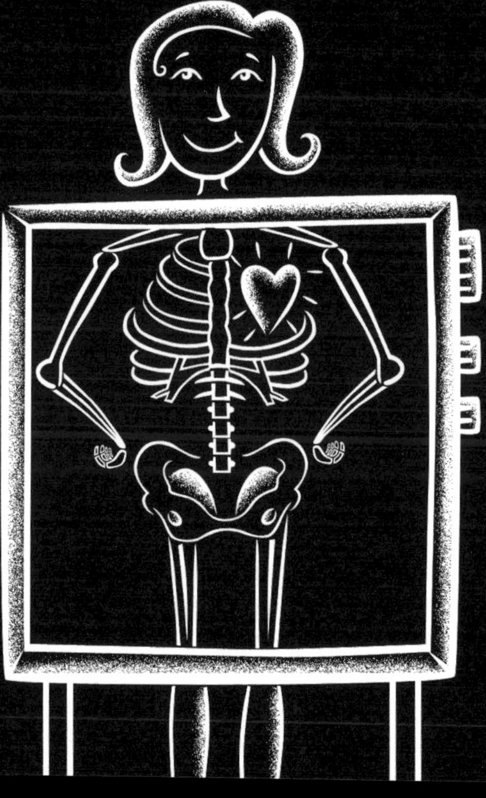

Wie man eine Gewinn/Gewinn-Situation erreicht

- **Legen Sie Ihre Wünsche und Forderungen von Anfang an unmissverständlich dar.** Legen Sie sämtliche Ihrer Absichten offen.
- **Finden Sie heraus, welchen Nutzen beide Seiten aus der Situation ziehen wollen.** Formulieren Sie ein Ziel, das von beiden Seiten uneingeschränkt getragen werden kann. Nutzen Sie es als Werkzeug, um die Verhandlungen zu lenken.
- **Legen Sie fest, wer was und warum will.** Führen Sie eine allgemeine Diskussion darüber, wie dies umsetzbar ist. Schreiben Sie die Ideen auf, mit denen die geforderten Ziele und ein Gewinn für beide Seiten erreicht werden kann.
- **Arbeiten Sie alle Optionen und Alternativen durch, bis Sie näher an eine Einigung herangekommen sind.** Stellen Sie sich darauf ein, alle schwierigen Schritte mit Freundlichkeit, Respekt und Verständnis für den jeweils anderen Standpunkt auszudiskutieren. Wenn die andere Seite erkennt, dass es Ihr Ziel ist, eine für beide Seiten gewinnbringende Lösung zu finden, fällt eine Einigung wesentlich leichter.
- **Erreichen Sie eine Einigung für beide Parteien.** Und vergessen Sie nicht, sich selbst dazu zu gratulieren, eine für alle Beteiligten tragbare Entscheidung getroffen zu haben.
- **Wenn sich keine Lösung finden lässt, die allen gerecht wird, dann einigen Sie sich darauf, dass es eben kein Geschäft gibt.** Es ist besser, kein Geschäft zu machen, als mit einer Entscheidung zu leben, die nicht für beide stimmt.

Wahre Freunde

sind die, die dich nicht für einen kompletten Narren halten, wenn du dich richtig zum Narren gemacht hast.

Können Sie damit aufhören, die Welt nur aus der Ich-Perspektive zu sehen?

Charakter

Der wirkliche Schlüssel zu deinem Einfluss auf mich ist die Person, die du wirklich bist ... und nicht die, die andere beschreiben oder die du mir vorführst. Dein Charakter sendet ständig Botschaften und Signale aus. Und durch sie werde ich veranlasst, dir und deinen Motiven zu vertrauen oder auch nicht.

Stephen R. Covey, Die sieben Wege zur Effektivität

CHARAKTER

ist die Architektur des Daseins.

Louise Nevelson

Viele Menschen versuchen, ihr Leben in der falschen Reihenfolge zu leben: Sie wollen immer mehr Dinge oder mehr Geld haben, dafür arbeiten sie immer mehr und glauben, dies mache sie glücklicher. Dabei funktioniert es genau anders herum: Zuerst sei, was du wirklich bist, dann tue, was du zu tun hast, um damit zu **bekommen, was du willst.**

Margaret Young

Erfahrungen,

die Ihren Charakter stärken:

- eine Steuerprüfung
- den Job verlieren
- als Kellner arbeiten
- gemeinsame Ferien mit den drei besten Freunden

Lesley Dormen

Den **wahren Charakter** eines

Menschen erkennt man an dem, was er tut,

wenn niemand zusieht.

Deine wahre Religion ist

das Leben, das du lebst,

und nicht das Glaubensbekenntnis, an dem du festhältst.

unbekannt

Integrität zu beweisen
ist niemals ein
schmerzloser Prozess.

M. Scott Peck

Liebe die Anforderungen des Lebens

Schnell: Denk darüber nach.
Wie verhältst du dich, wenn du Unrecht hast?
Erkennen die Leute dein wahres Ich an dem,
was sie sehen oder was sie erzählt bekommen?
Bist du zufrieden mit dem, was du hast?
Hast du deinen Frieden mit dir geschlossen?
Weißt du, was du liebst?
Was ist dir in deinem Leben das Liebste?
Hast du deinen eigenen Stil gefunden?
Lässt du die Welt an deinen Gaben teilhaben?
Bist du bereit, andere bedingungslos zu akzeptieren?

PERFEKTIONISMUS

ist Selbstausbeutung höchsten Grades.

Anne Wilson Schaef

Fühlen Sie sich durch den Erfolg eines Kollegen oder Freundes bedroht? Bedenken Sie:

Es gibt genug

Erfolgsmöglichkeiten für alle.

Dies sollten Sie sich immer und immer wieder sagen, wenn Sie einer dieser »Warum-nicht-ich?«-Momente überkommt.

Achten Sie auf Ihren Charakter,
dann achtet Ihr Ruf auf sich selbst.

Jeden Tag leben, als wäre es der letzte, niemals nervös, niemals gleichgültig, niemals gekünstelt – das wäre ein vollendeter Charakter.

Marc Aurel

REIFE

Die Initiative ergreifen bedeutet nicht, ungeduldig, lästig oder aggressiv zu sein. Es bedeutet einfach, seine Verantwortung dafür anzuerkennen, dass bestimmte Dinge getan werden müssen.

Stephen R. Covey, Die sieben Wege zur Effektivität

Erfahrung

bedeutet, dass das Leben uns lehrt, uns zu lieben und einander zu vergeben.

Louise Nevelson

In dieser Welt gibt es so viel für uns alle. Wenn wir nur die Augen hätten, es zu sehen, und das Herz, es zu lieben, und die Hand, es zu ergreifen.

Lucy Maud Montgomery

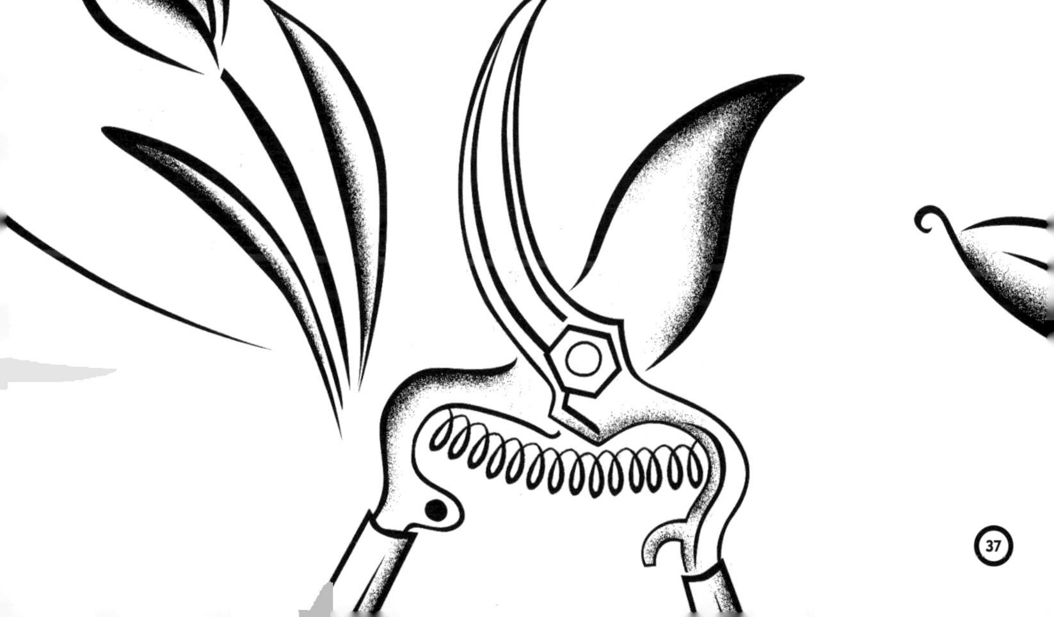

GROSSE MENSCHEN

bewirken, dass wir uns in ihrer Gesellschaft größer fühlen.

Wer bin ich, dass ich nicht auch mal einen Fehler machen dürfte?

Wann bin ich nur auf diese Idee gekommen?

Natürlich bin ich voll und ganz für meine Fehler verantwortlich ... aber genauso auch für die vielen wunderbaren Erfolge meines Lebens. Und das ist großartig!

Julia Roberts

Das Leben als ein Autoaufkleber

Welches dieser unvermeidlichen Motti trifft auf Sie zu?

Ich habe eine Haltung
und weiß sie zu nutzen.

ICH HASSE ALLE MENSCHEN
UND DU BIST DER NÄCHST

TOTAL GESTRESST
UND NIEMAND ZUM ABREAGIEREN

ES WAR WUNDERBAR, ABER
JETZT MUSS ICH SCHREIEN

Wenn sich auch Ihr Leben in solchen Sarkasmen widerspiegelt, dann ist es an der Zeit, sich davon zu befreien. Da draußen gibt es eine ganze Welt, die Ihr wahres Ich kennen lernen möchte, das unter solchen Sprüchen versteckt ist. Oder möchten Sie zu den schlechten Dingen gehören, die den guten Menschen widerfahren?

Wenn jemand zuhört,
die Hand ausstreckt,
ein freundliches Wort der
Ermutigung flüstert
oder einen einsamen Menschen
zu verstehen sucht,
dann passieren plötzlich die
außergewöhnlichsten Dinge.

Loretta Girzartis

Unendliche Reichtümer

sind überall um dich herum. Richte nur deinen Blick auf die Schatzkammer in deinem Inneren. Aus dieser Goldmine kannst du alles schöpfen, was du für ein Leben in Glanz, Freude und Überfluss brauchst.

Joseph Murphy

Den Kampf zwischen der Strömung und dem Felsen gewinnt immer die Strömung. Nicht durch Stärke, sondern

durch Beharrlichkeit.

H. Jackson Brown

Das Herz ist am glücklichsten, wenn es für andere schlägt.

Überfluss-Mentalität

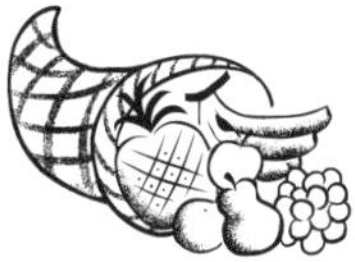

Die meisten Leute sind tief von dem geprägt, was ich die Mangel-Mentalität nenne. Sie meinen, das Leben habe nur so und so viel zu geben, als ob es da draußen nur einen einzigen Kuchen gäbe. Wenn dann jemand anders ein großes Stück abbekommt, würde das bedeuten, dass für alle anderen weniger bleibt. Deshalb ist die Überfluss-Mentalität unerlässlich für das Gewinn/Gewinn-Denken: dass es da draußen mehr als genug für alle gibt.

Stephen R. Covey, Die sieben Wege zur Effektivität

Erwarte nichts. Lebe genügsam
mit den Überraschungen.

Alice Walker

Gelassenheit in finanziellen Dingen beginnt mit dem Akzeptieren der Tatsache, dass Geld ein Geisteszustand ist und Überfluss ein Glaubenszustand. Wenn wir uns für den Überfluss entscheiden, werden wir wirklich reich. Wir erwerben echten Reichtum. Natürlich ist Geld ein Teil des persönlichen Reichtums, aber dazu gehören auch **Liebe, innerer Friede,** Harmonie, **Schönheit**, Freude, gute Gesundheit, **Aufrichtigkeit**, **die Entdeckung des eigenen Glücks, das Ausleben seiner Leidenschaften** und **die Erfüllung seiner göttlichen Bestimmung.**

Sarah Ban Breathnach

Vernachlässigen Sie nicht Ihre inneren Gaben!

Wie man eine Überfluss-Mentalität erwirbt

1. Gewöhnen Sie sich an, freigiebig zu sein. Es bedeutet nicht, seine Meinung oder einen Gedanken zu opfern. Es muss nicht viel sein – geben Sie so viel Sie können.
2. Seien Sie anderen gegenüber großzügig, ohne zu erwarten, dass sie auf die Knie fallen und Ihnen die Füße küssen.
3. Fühlen und genießen Sie die Reichhaltigkeit des Lebens. Seien Sie auch gegenüber kleinen Dingen ehrfürchtig. Die großen Dinge zu genießen ist schön, aber es ist nicht verkehrt, wenn man klein anfängt und sich hocharbeitet.
4. Hören Sie auf, zu sagen: »Das kann ich mir nicht leisten.« Hören Sie auf, den Armen zu spielen und sich wie ein armer Schlucker aufzuführen. Es geht um Ihre Einstellung. Freuen Sie sich an dem, was Sie haben, bevor Sie nach mehr fragen.
5. Schreiben Sie sich, welche Dinge Sie im Überfluss haben möchten. Und dann sorgen Sie dafür, dass Sie sie auch bekommen.

Um die Art,

wie Sie leben zu lieben,

müssen Sie wissen,

was Sie wirklich lieben.

Wir brauchen das Gefühl des Überflusses.

Wenn wir aufmerksam sind, kann uns schon ein einziger Atemzug völlig erfüllen. Die Berührung des Geliebten oder ein Moment des Sonnenscheins kann unser Herz entzücken. Die einfache Geste, dass jemand seine Hand in die unsere legt, ein freundliches Wort an uns richtet oder uns ein kleines Zeichen von Wertschätzung erweist, kann schon ausreichen, um uns ein überwältigendes Gefühl der Anteilnahme und des Wohlbefindens zu vermitteln. Wir brauchen so wenig, um uns geliebt zu fühlen. Wir müssen nur damit beginnen, all die kleinen Geschenke und Wunder in ihrer Vielfalt wahrzunehmen, die jeden unserer Tage bereichert.

Wayne Muller

Wenn du auf Anhieb
erfolgreich bist,
versuche,
nicht überrascht
auszusehen!

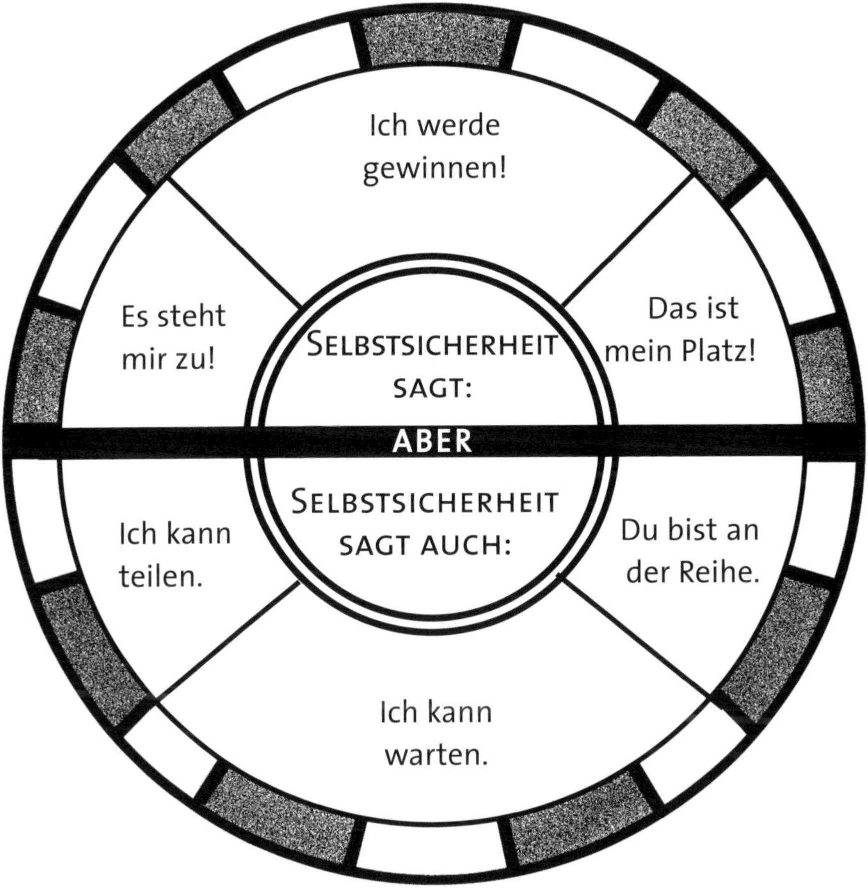

Ruth Whitney

Wir haben einen Moment innegehalten, um uns selbst zu begegnen, kennen zu lernen, zu lieben und zu teilen. Dies ist ein kostbarer Moment, und er ist vergänglich. Er ist ein kleiner Abschnitt der Ewigkeit. Wenn wir mit Fürsorge, Leichtigkeit und Liebe teilen, werden wir Reichtum und gegenseitige Freude erleben. Und dann war es diesen Moment wert.

Deepak Chopra

Beziehungen

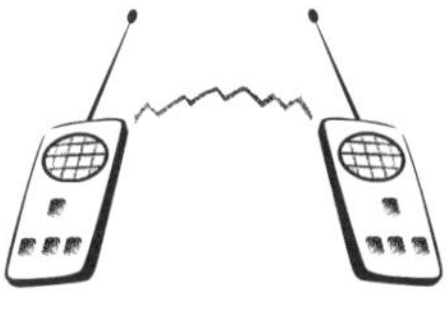

Ohne Einmischung gibt es kein Engagement. Schreiben Sie es sich auf, markieren Sie es, kreisen Sie es ein, unterstreichen Sie es!

Stephen R. Covey, Die sieben Wege zur Effektivität

Materielle Dinge sind vergänglich,

Beziehungen aber bleiben für immer.

Nichts kann die Zeit ersetzen,

die wir für das Leben anderer eingesetzt haben.

Roy Lessin

Ich bin sehr loyal in einer Beziehung. In jeder Beziehung. Wenn ich mit meiner Mutter ausgehe, schaue ich nicht anderen Müttern hinterher und sage: »Wow, ich möchte wissen, wie ihre Makkaroni mit Käse schmecken!«

Gary Shandling

Wir sind **nicht dazu da,**
durch den anderen hindurchzusehen.
Wir sind dazu da,
den anderen
zu verstehen.

Carol Matthau

Ein Regenwurm steckte eines schönen Frühlingstages seinen Kopf aus der Erde und schaute sich neugierig um. Da entdeckte er nicht weit von sich entfernt einen anderen Regenwurm, der ebenfalls aus der Erde hervorschaute. Überwältigt von der Schönheit des anderen rief er: **»Ich liebe dich, willst du mich heiraten?«**

Der andere Wurm lächelte und sagte: »Sei nicht albern, wie willst du mich heiraten? Ich bin dein anderes Ende!«

unbekannt

Die Freunde in deinem Leben sind wie die Knöpfe in einem Aufzug:

SIE BRINGEN DICH ENTWEDER

NACH OBEN

ODER

NACH UNTEN

Umgib dich mit Menschen, in deren Gegenwart du mehr Energie fühlst, noch kreativer bist und deine Ziele besser verfolgen kannst. Bleibe solchen Menschen fern, die ein ungutes Gefühl auslösen und dich in deinen Selbstzweifeln bestärken. Ganz besonders vermeiden solltest du die Menschen, die dich ständig beanspruchen und zwingen, viel Kraft in die Beziehung zu investieren.

Dennis F. Augustine

Aus jeder Beziehung können wir etwas lernen. Wenn eine Beziehung schwierig und schmerzhaft ist, frage dich:

»Was kann ich aus dieser Beziehung lernen?«

Suche nach Liebe in deinen Beziehungen. Konzentriere dich auf das, was du bekommst, und nicht auf das, was du vermisst.

Susan Santucci

Ein guter Freund

ist wie eine Verbindung zum Leben, ein Band in die Vergangenheit, ein Weg in die Zukunft, ein Schlüssel zur geistigen Klarheit in einer total verrückten Welt.

Lois Wyse

Wenn du auf die Erfüllung durch andere wartest, dann wirst du sie nie erleben. Wenn dein Glück vom Geld abhängt, wirst du nie mit dir zufrieden sein. Sei mit dem zufrieden, was du hast, und freue dich an den Dingen, wie sie sind.

Wenn du erkennst, dass dir nichts fehlt, gehört dir die ganze Welt.

Laotse

An manchen Tagen sind Sie der Hund,

aber an manchen

auch der

Hydrant.

»Wer gewinnt in eurer Ehe?« ist eine alberne Frage.
Wenn nicht beide gewinnen, verlieren beide.

Stephen R. Covey

Vereinbarungen

Wenn Sie freundlich sind, glauben viele Menschen, dass Sie nicht hart sein können. Aber eine Gewinn/Gewinn-Situation ist eine freundliche Situation – und gleichzeitig hart. Um diesen Weg zu gehen, müssen Sie eben nicht nur freundlich sein, sondern auch couragiert. Sie müssen nicht nur vertrauensvoll, sondern auch entschieden sein. Nicht nur rücksichtsvoll und einfühlsam, sondern auch mutig. Diese Ausgewogenheit zwischen Mut und Rücksichtnahme ist das Kennzeichen wahrer Reife und die Grundvoraussetzung für eine Gewinn/Gewinn-Situation.

Stephen R. Covey, Die sieben Wege zur Effektivität

Ein Tag, an dem du neben deinem Broterwerb nicht auch noch etwas für einen Menschen getan hast, das er dir niemals vergelten kann, ist kein guter Tag.

Ruth Smeltzer

Eine Hand, die versucht, sich alleine zu waschen, ist ein klägliches Schauspiel. Aber wenn eine Hand die andere wäscht, dann ergänzen sich ihre Kräfte und werden zu einer bemerkenswerten Macht.

Maya Angelou

Ich hatte eine neue Art von Fröhlichkeit, eine neue Reife gefunden. Ich fühlte mich nicht besser oder stärker als andere, aber es erschien mir nicht länger wichtig, ob mich jeder mochte oder nicht. Viel bedeutsamer war, dass ich die anderen liebte. Dieses Gefühl verändert dein ganzes Leben; so zu leben wird zu einem

Akt des Gebens.

Beverly Sills

Was sagt Ihr Autoaufkleber über Sie?

Können Sie sich zuordnen?

Sie da!
Runter von meinem Planeten!

Das MACHO-Gesetz
verbietet mir, Irrtümer zuzugeben!

WO ICH BIN, DA HERRSCHT DAS CHAOS.
ABER ICH KANN NICHT ÜBERALL SEIN.

Sie fahren auch nicht besser!

Das Problem ist, dass Ihre Glücksampel auf Dauer-Stopp geschaltet ist. Versuchen Sie einmal, ein Problem als Chance für eine Veränderung zu sehen. Und: Der Himmel wird Ihnen nicht auf den Kopf fallen, wenn Sie hin und wieder mal herzhaft lachen!

Haben Sie Vertrauen in sich selbst.
Aber auch in Ihre Freunde und Nachbarn. Ich weiß, das Leben ist ein Wettbewerb – aber es ist kein Dschungel. Sympathie erzeugt Sympathie. Vertrauen erzeugt Vertrauen. Die Menschen geben uns zurück, was wir ihnen geben.

unbekannt

Großzügigkeit eröffnet den Reichtum des Lebens. Sie bringt mehrfach zurück, was wir gegeben haben. Sie verwandelt Ablehnung in Akzeptanz, Chaos in Ordnung, Verwirrung in Klarheit. Sie kann ein einfaches Mahl zum Festschmaus machen, eine Hütte in ein Heim verwandeln, einen Fremden in einen Freund. Großzügigkeit gibt unserer Vergangenheit einen Sinn, bringt der Gegenwart Frieden und schafft eine Vision für das Morgen.

Melody Beattie

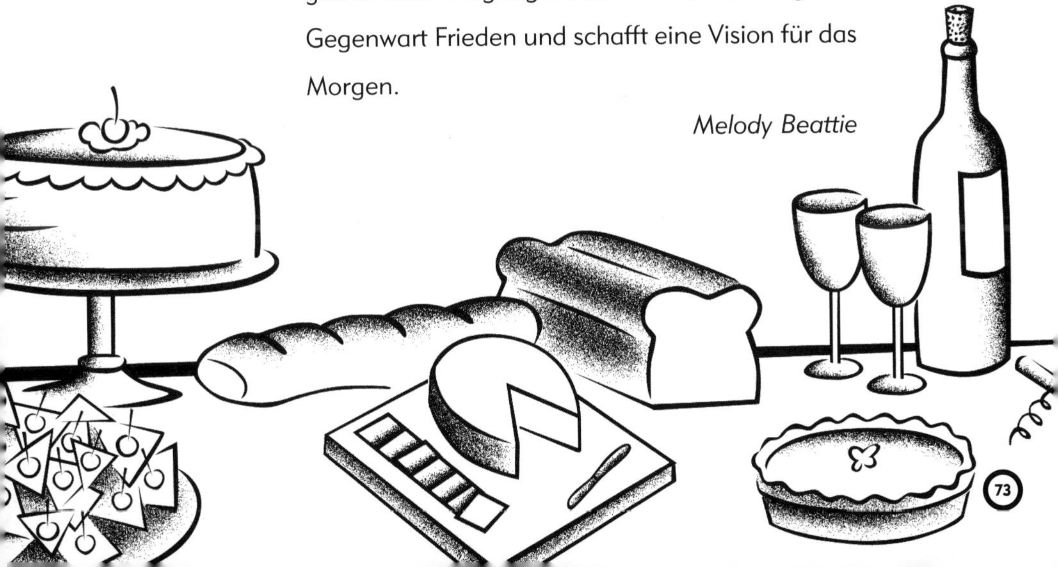

Es sieht nur so aus, als würde ich nichts tun.

Auf meiner biologischen Ebene bin ich äußerst aktiv.

Wahre **Stärke** ist

zu wissen, dass man etwas

tun könnte,

es aber dennoch

bleiben lässt.

Juliet Alicia Jarvis

Jeder hat ein fotografisches Gedächtnis.
Aber manche haben keinen Film eingelegt.

Zusammenarbeit

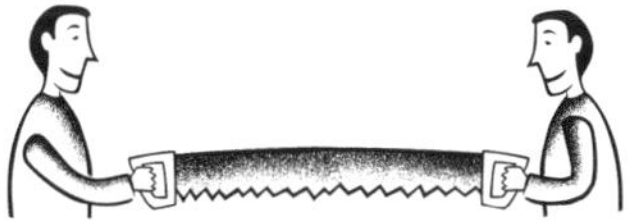

Bei einer Gewinn/Gewinn-Lösung fühlen sich alle Parteien mit der Entscheidung wohl und sind innerlich dem vereinbarten Vorgehen verpflichtet. Gewinn/Gewinn sieht das Leben als kooperatives Feld, nicht als Arena des Wettstreits.

Stephen R. Covey, Die sieben Wege zur Effektivität

Wenn wir uns nicht gegenseitig helfen,
wer sollte uns dann helfen?

Wir sind auf der Erde,
um anderen Gutes zu tun.

Wozu die anderen da sind, weiß ich nicht.

W. H. Auden

Die kleine Tochter kam zu spät von der Schule nach Hause. Die Mutter wollte schon schimpfen, besann sich aber und fragte:
»Wo hast du so lange gesteckt?«
»Ich musste einem anderen Mädchen helfen,
es war in Schwierigkeiten«, antwortete die Tochter.
»So, wie hast du ihm denn geholfen?«
»Oh, ich habe mich neben sie gesetzt und ihr beim Weinen geholfen.«

unbekannt

Wir beide sind Engel mit nur einem Flügel.

Wir können nur dann fliegen, wenn wir uns umarmen.

Luciano de Crescenzo

Wenn jemand auf meinen Schultern steht und damit seinen Traum in höhere Sphären heben kann – vielleicht ist auch das schon ein Erfolg.

Steve Potter

Das Leben

ist eine Abfolge von heiklen Begegnungen, zusammengehalten von einem seidenen Faden, stark wie ein Stahlseil und gleichzeitig so empfindlich, dass er vom Wind weggeblasen werden könnte.

Sandra Bernhard

Mr. Spock: Ich möchte anmerken, dass ich Gelegenheit hatte, Ihre Mitmenschen sehr genau zu beobachten. Sie waren brutal, grausam, ohne Prinzipien, unzivilisiert und betrügerisch – in jeder Weise hervorragende Vertreter der Gattung Homo sapiens. Das wahre Gesicht der Menschheit. Sehr erfrischend.

Captain Kirk: Ich bin mir nicht sicher, aber ich glaube, man hat uns gerade beleidigt.

Star Trek

Wir sind nur Besucher auf diesem Planeten. Wir sind hier 90 oder maximal 100 Jahre zu Gast. In dieser Zeit müssen wir versuchen, aus unserem Leben etwas Gutes, Nützliches zu machen. Versuche, in Frieden mit dir selbst zu sein, und lass andere an diesem Frieden teilhaben. Wenn du zum Glück anderer Menschen beiträgst, dann wirst du das Ziel, den wahren Sinn des Lebens finden.

Dalai Lama

Schon vor langer Zeit habe ich etwas herausgefunden: Wenn ich anderen helfe, etwas zu bekommen, dann werde auch ich alles bekommen, was ich möchte, und muss mir niemals mehr Sorgen machen.

Anthony Robbins

Was sagt Ihr Autoaufkleber über Sie? Teil III

Sie kennen die Übung schon:

Verzeihung, wenn ich interessiert aussehe.
Ich bin es nicht!

Wenn ich ein Stöckchen werfe,
verschwinden Sie dann?

Dein Psychospielchen findet ohne mich statt!

Fange nichts mit mir an,
du kannst nicht gewinnen!

Wenn Sie diesen Aussagen zustimmen können, vermindert sich Ihr Spielraum. Machen Sie sich bewusst, dass Ihr Traumleben mehr mit dem zu tun hat, was Sie ablehnen, als mit dem, was Sie behalten. Die Grundhaltung ist falsch. Eine Therapie ist teuer, Sprüche absondern ist billig. Sie haben die Wahl.

Credo einer Selbsthilfe-Gruppe:
Lasst uns einander helfen,
keine Hilfe mehr voneinander zu erwarten.

Laura Ardiel

Ausführung

Ich bin immer wieder überrascht, welche Ergebnisse sowohl bei Einzelnen wie bei Organisationen erreicht werden, wenn verantwortliche, pro-aktive und selbstbestimmte Individuen auf eine Aufgabe angesetzt werden.

Stephen R. Covey, Die sieben Wege zur Effektivität

Sei so gut, dass sie dich nicht ignorieren können.

Jerry Dunn

Erfahrung ist das,

was Sie bekommen,

wenn Sie nicht bekommen,

was Sie wollen.

unbekannt

Das Leben ist eine Reise,

und wenn du dich ihren Möglichkeiten öffnest, dann bringt sie dich an Orte, die du dir niemals hättest vorstellen können. Ein reiches Leben bedeutet nicht notwendigerweise, immer in Seide gewandet zu sein, mit Gold behangen zu sein und erster Klasse zu reisen. Du musst dich mit niemandem messen. Deine Reise gehört dir ganz allein.

Suze Orman

Ein Comeback

ist schwierig,

wenn du nie weg gewesen bist.

Das Leben ist wie ein Büffett für Magenkranke, ein endloses Abendessen bei geizigen Chefs, wie verlorene Ohrringe oder auslaufende Füllfederhalter. Es gibt immer etwas, über das man in Depressionen verfallen kann. Und das ist so ... deprimierend! Gut drauf sein ist mehr als sich durchmogeln, es geht um die richtige Einstellung. Kopf hoch, wie man sagt. Wir nennen es pathologischen Optimismus. Es klingt abgedroschen, aber das ist der **Kernpunkt**:

Zu wissen, **wie man aus schlechten Zeiten das Beste und gute Zeiten unvergesslich macht.**

Cynthia Rowley und Ilene Rosenzweig

Man kann Menschen in 3 Gruppen einteilen:

solche, die die Dinge vorantreiben,
solche, die dabei zuschauen, und
solche, die sich fragen, was passiert ist.

unbekannt

Wenn Sie endlich alle Karten

in der Hand halten, warum

beschließen die anderen

dann, Schach zu spielen?

Angst vor dem Erfolg ist eine der neueren Ängste, von denen ich gehört habe. Und ich bin überzeugt, dies ist definitiv ein Anzeichen dafür, dass uns die Ängste ausgehen. Wer an der Angst vor dem Erfolg leidet, der kratzt nun wirklich sämtliche Reste aus dem Topf zusammen. Brauchen wir für diese Leute jetzt AA-Treffen, für Anonyme Angsthasen? Wird bei diesen Treffen einer aufstehen und ins Mikrofon flüstern: »Hallo, ich bin der Roland und kann den Gedanken an meine teure Stereoanlage und das cremefarbene Designersofa nicht ertragen?«

Jerry Seinfeld

Wenn du einen **Platz an der Sonne** willst, dann rechne auch mit ein bisschen Sonnenbrand.

unbekannt

Dies ist dein Leben, dein einziges & unwiederbringliches Leben.

Also nimm hervorragende Leistungen auch sehr persönlich.

Scott Johnson

Wir sind so darauf konditioniert, das ganze Leben als einen Wettstreit zu sehen, dass wir, um einen Gewinner zu küren, auch jemanden zum Verlierer erklären müssen. Der Himmel möge verhindern, dass es zu einem Unentschieden kommt.

Perspektive

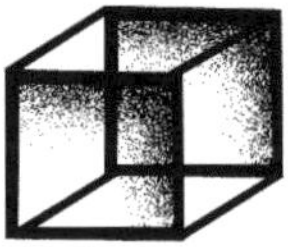

Wenn zwei Menschen der gleichen Meinung sind, ist einer überflüssig ... ich möchte mit niemandem diskutieren, der meiner Meinung ist; ich möchte mit Ihnen sprechen, weil Sie anderer Auffassung sind als ich. Ich schätze diesen Unterschied.

Stephen R. Covey, Die sieben Wege zur Effektivität

Bei unseren Bemühungen, uns hinreichend von anderen zu unterscheiden, sollten wir nicht die kleinen, täglichen Unterschiede übersehen, die sich schließlich zu einem großen, unübersehbaren Hindernis auftürmen.

Marion Wright Edelman

Kümmern Sie sich **weniger** darum, was andere von Ihnen denken, und **mehr** darum, was Sie über andere denken?

Das chinesische Wort für

Krise

besteht aus zwei Schriftzeichen. Eines bedeutet »Gefahr«, das andere »versteckte Gelegenheit«.

M. Scott Peck

Kann ich dieses Leben gegen das eintauschen, das hinter Tür 2 verborgen ist?

Mitgefühl

ist die Fähigkeit, sich genau vorstellen zu können, der andere zu sein. Es ist eine Kraft, die Brücken baut zwischen einsamen Individuen. Es ist die Fähigkeit, sich von der eigenen Perspektive, den eigenen Grenzen und dem Ich zu distanzieren, um auf eine verletzliche, ermutigende, kritische und kreative Weise empfänglich zu werden für die innere Welt einer anderen Person.

John O'Donohue

Als Überlebende von Konzentrationslagern können wir uns an die erinnern, die durch die Baracken gegangen sind, um andere zu trösten und ihr letztes Stück Brot herzugeben. Es mögen wenige gewesen sein, aber sie sind Beweis genug, **dass man dem Menschen alles nehmen kann bis auf eins:** die letzte der menschlichen Freiheiten – über seine Geisteshaltung unter allen gegebenen Umständen selbst zu entscheiden.

Viktor Frankl

Vorurteile

halten uns davon ab, das Gute zu erkennen, das hinter der äußeren Erscheinung steckt.

Wayne Dyer

Wie sieht es mit Ihrem Nettigkeitsfaktor aus?

Es ist tatsächlich ein häufiges Problem: Man ist einfach zu freundlich und riskiert dabei seine eigene Integrität. Dabei gibt es überhaupt keinen Grund, sich auf alles einzulassen, was an einen herangetragen wird, und sich mit einem glücklichen Lächeln einen Haufen Probleme einzufangen. Die nachstehenden Fragen helfen Ihnen herauszufinden, ob Sie an chronischer Nettigkeit leiden.

Fällt es Ihnen schwer, andere mit der Tatsache zu konfrontieren, dass sie etwas Falsches getan haben?

Sagen Sie oft »Ja« zu etwas, obwohl Sie eher der Meinung sind, Sie sollten sich da ganz heraushalten?

Gehen Sie Auseinandersetzungen so häufig mit gesenktem Blick aus dem Wege, dass Sie schon das Muster des Teppichbodens auswendig kennen?

Haben Sie schon mal einen Freund abgrundtief belogen, weil Sie seine Gefühle nicht verletzen wollten?

Entschuldigen Sie sich für alles und jedes, von der eigenen Meinung bis hin zum letzten freien Tisch im Café, den Sie besetzen?

Wenn Sie eine der Fragen mit Ja beantwortet haben, sollten Sie Ihrer Nettigkeit mal einen Tag freigeben. Es ist nichts Schlechtes dabei, sich auch einmal durchzusetzen. Folgen Sie einfach dem Gewinn/Gewinn-Paradigma, dann ist am Ende jeder zufrieden – vor allem Sie selbst!

Ich habe nicht das Gold verfehlt, sondern **Silber gewonnen!**

Michelle Kwan

Erfolg kommt von

MACHEN.

Versagen kommt von

BLEIBENLASSEN.

Ich habe in meiner Laufbahn rund 9 000-mal danebengeworfen und ungefähr 300 Spiele verloren. Bei 26 Spielen hätte ich den Siegestreffer erzielen können – und habe stattdessen den Korb verfehlt. Ich habe immer und immer wieder versagt. Und deshalb war ich schließlich erfolgreich.

Michael Jordan

LEISTUNG

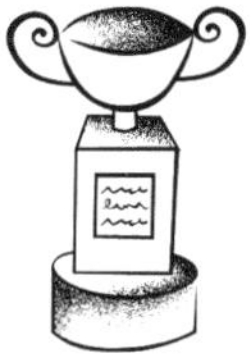

Je stärker Sie sind – je echter Ihr Charakter, je höher die Ebene Ihrer Pro-Aktivität, je mehr Sie wirklich auf Gewinn/Gewinn ausgerichtet sind –, desto stärker wird Ihr Einfluss auf andere Menschen sein. Das ist der wirkliche Test für Führungsqualität.

Stephen R. Covey, Die sieben Wege zur Effektivität

Glück ist nicht, zu haben, was man sich wünscht,
sondern sich zu wünschen, was man hat.

Wenn Sie Ihre Finanzen in Ordnung bringen wollen, dann müssen Sie die Menschen höher schätzen als das Geld und das Geld höher als die Dinge. Das bedeutet, dem Geld den rechten Platz in Ihrem Herzen zuzuweisen und in die richtigen Dinge zu investieren. Es bedeutet, alles das zu haben, was man liebt, und alles das zu lieben, was man hat. Es bedeutet, sich dem Geld zuzuwenden und etwas davon in eine gerechte Sache zu stecken. **Denn das Geld allein, so wichtig es auch ist, macht Sie niemals wahrhaftig reich!**

Suze Orman

VERTRAUE DIR!

Entwickle dein Selbst so, dass du mit ihm dein ganzes Leben lang glücklich sein kannst. Mach das Beste aus dir, indem du die kleinen inneren Funken der Möglichkeiten so anfachst, dass sie zu Flammen des Erfolges werden.

Foster C. McClellan

Ich möchte eine

Spur

im Universum
hinterlassen.

Steve Jobs

Es stimmt: Wir wissen erst, was wir hatten, nachdem wir es verloren haben. Aber das ist auch wahr: **Wir wissen nicht, was wir vermisst haben, bevor es nicht da ist.**

unbekannt

Echter Erfolg

ist zu wissen, dass, wenn man die Welt heute verließe, man es ohne Bedauern täte.

Niemand lebt wirklich lange genug, um alle Erfahrungen zu machen, die er für einen Neubeginn brauchte. Um erfolgreich zu sein, brauchen wir unabdingbar und in jedem Falle die Menschen, die für bestimmte Erkenntnisse bereits den Preis gezahlt haben und uns damit helfen, unsere Ziele zu erreichen.

Brian Tracy

Warum geschehen
Erfolge
immer im **Verborgenen,**
aber Misserfolge immer
in der Öffentlichkeit**?**

Das Abenteuer ist zu Ende. Alles geht vorbei ...

es bleiben die Dinge, die du mit dir trägst.

E. L. Konigsburg

Ist das Ihr LETZTES Wort?

Über Franklin Covey

Franklin Covey ist die größte Gesellschaft für Zeitmanagement- und Persönlichkeitsentwicklung der Welt. Unser Service und unsere Produkte, die auf erprobten Prinzipien basieren, werden von mehr als 15 Millionen Menschen weltweit genutzt. Wir arbeiten mit einer Vielzahl von Kunden, sehr großen wie auch kleineren Unternehmen, Gemeinschaften und Organisationen. Sie kennen uns vielleicht durch unseren weltbekannten Franklin Planner oder eines unserer Bücher über die sieben Wege. Übrigens wurden mehr als 15 Millionen der Franklin Covey-Bücher weltweit verkauft – mehr als 1,5 Millionen pro Jahr. Aber vielleicht wissen Sie noch nicht, dass Franklin Covey auch Training für Unternehmensführung, Motivations-Workshops, persönliches Training, Audio- und Videoaufnahmen sowie das *Priorities Magazine* anbietet, um nur einige Tätigkeitsfelder zu nennen.

Sagen Sie uns Ihre Meinung

Wir würden gern Ihre Vorschläge oder Kommentare über *Gewinn* hören.

www.franklincovey.com/portable7

The Portable 7 Habits
Franklin Covey
MS0733-CK
220 West Parkway Boulevard
Salt Lake City, Utah 84119-2331
USA

www.franklincoveyeurope.com

Franklin Covey Europe
Grimsbury Manor
Grimsbury Green
Banbury
Oxfordshire OX16 3JQ
United Kingdom

Literatur

Boldt, Laurence G., *Das Tao der Fülle. Vom Reichtum, der uns glücklich macht*, Sulzberg 2001.

Breathnach, Sarah Ban, *Ein guter Tag. 365 Schritte zum erfüllten Leben*, München 1998.

Breathnach, Sarah Ban, *The Simple Abundance Companion*, New York 1998.

Carlson, Richard, *Don't Worry Make Money: Spiritual and Practical Ways to Create Abundance and More Fun in Your Life*, New York 1997.

Carter-Scott, Chérie, *Wenn die Liebe ein Spiel ist, sind dies die Regeln*, München 2001.

Chödrön, Pema, *Wenn alles zusammenbricht. Hilfestellung für schwierige Zeiten*, München 2001.

Covey, Stephen R., *Die sieben Wege zur Effektivität. Ein Konzept zur Meisterung Ihres beruflichen und privaten Lebens*, Frankfurt/New York 2000.

Covey, Stephen R., *So leben Sie »Die sieben Wege zur Effektivität«. Das bewährte Covey-Erfolgskonzept in der Praxis*, Frankfurt/New York 2000.

Dershowitz, Barbara, *Affluent Spirit: Lessons in Spiritual and Material Abundance*, London 1995.

Dwyer, Wayne W., *Manifest Your Destiny*, New Kensington 1997.

Gattuso, Joan, *A Course in Life*, New York 1998.

Gray, John, *Männer sind anders. Frauen auch. Männer sind vom Mars. Frauen von der Venus*, München 1998.

Gray, John, *Mars und Venus neu verliebt. Nach der Trennung den Mut für eine neue Liebe finden*, München 1999.

Hobday, Jose, *Stories of Awe and Abundance*, New York 1999.

Kudlow, Lawrence A., *American Abundance: The New Economics and Moral Prosperity*, New York 1998.

Larned, Marianne, *Stone Soup for the World: Life-Changing Stories of Kindness & Courageous Acts of Service*, Berkeley 1999.

Orman, Suze, *Trau dich, reich zu werden. Was man selbst tun kann, um sich den Traum vom guten Leben zu erfüllen*, Frankfurt/New York 2002.

Prager, Marcia, *The Path to Blessing: Experiencing the Energy and Abundance of the Divine*, Nevada City 1999.

Ramsey, Dave, *Financial Peace*, New York 1995.

Ramsey, Dave, *How to Have More Than Enough: A Step-by-Step Guide to Creating Abundance*, New York 2000.

Roman, Sanaya/Packer, Duane, *Kreativ Reichtum schaffen*, München 1993.

Santucci, Susan, *Pathways to the Spirit*, New York 1999.

Sutherland, Paul, *Zenvestment. Innere und äußere Werte mehren für Lebensqualität auf allen Ebenen*, München 2000.

Vanzant, Iyanla, *Faith in the Valley*, New York 1998.

Waldman, Jackie, *The Courage to Give: Inspiring Stories of People Who Triumphed over Tragedy and Made a Difference in the World*, Berkeley 1999.

Walsch, Neale Donald, *Rechtes Leben und Fülle. Wegweisungen für den Alltag*, München 2000.

Williamson, Marianne, *Rückkehr zur Liebe*, München 1995.

Williamson, Marianne, *Rückkehr zur Liebe. Harmonie, Lebenssinn und Glück durch »Ein Kurs in Wundern«*, München 1996.

Begleiter auf den 7 Wegen zur Effektivität

sinn

Die ***Begleiter auf den 7 Wegen zur Effektivität*** stellen die Grundgedanken des bewährten Covey-Erfolgskonzeptes zu Zeit- und Lebensmanagement in einer neuen, innovativen Form vor: Die sorgfältig ausgewählte Sammlung provokativer Fragen, witziger Aphorismen und inspirierender Anekdoten hilft dabei, das eigene Leben durch Konzentration auf das Wesentliche sorgfältig zu gestalten.

Die kleine Covey-Bibliothek

Begleiter auf den 7 Wegen zur Effektivität

Sinn

Weg 3:

Das Wesentliche zuerst

Aus dem Englischen von Wolfgang Ehle

FranklinCovey

Campus Verlag
Frankfurt/New York

Die amerikanische Originalausgabe erschien erstmals 1999 unter dem Titel
»The Portable 7 Habits™. Purpose: Focusing on What Matters Most«
bei Franklin Covey Co.

Aus dem Englischen von Wolfgang Ehle

Die Deutsche Bibliothek – CIP-Einheitsaufnahme

Ein Titeldatensatz für diese Publikation ist bei
Der Deutschen Bibliothek erhältlich.
ISBN 3-593-37079-4

Umschlaggestaltung: Guido Klütsch, Köln
Satz: WHE Marketing Beratung, Neu-Isenburg
Illustration: Tammy Smith
Druck und Bindung: Druckhaus Beltz, Hemsbach
Gedruckt auf säurefreiem und chlorfrei gebleichtem Papier.
Printed in Germany

Inhalt

Jeder Tag hat seine eigene Bestimmung und fügt sich ein in den großen Plan unseres Lebens. Jeder einzelne Moment, in dem wir unsere Aufmerksamkeit mit Worten oder Taten auf ein Ziel ausrichten, ist Bestandteil unseres Daseins und bringt Freude und Hoffnung in unsere Herzen.

Carol Adrienne

Einführung

Um ein ausgewogenes Leben zu führen, muss man wissen, dass man nicht alle Dinge, die einem im Leben begenen, wahrnehmen muss. Ein altes Sprichwort sagt: »Du kannst immer nur auf einer Hochzeit tanzen!« Dazu muss man sich einfach bewusst machen, dass man notfalls auch »Nein« sagen kann. Und sich auf das konzentrieren, was am wichtigsten ist. Überlegen Sie vor jedem Schritt, wer Sie sind und was Sie wirklich wollen.

In diesem Band der Reihe *Begleiter auf den 7 Wegen zur Effektivität* haben wir ein bewährtes Prinzip des Konzeptes der *Sieben Wege zur Effektivität* von Stephen R. Covey vereinfacht dargestellt, damit Sie herausfinden können, was in Ihrem Leben am wichtigsten ist.

In diesem Buch gibt es keine Anweisungen, denen man folgen muss. Keine Instruktionen. Keine Vorschriften. Und keine Formeln für Erfolg. Stattdessen finden Sie eine Sammlung von anregenden Fragen, inspirierenden Zitaten und lehrreichen Anekdoten.

Wenn Sie jetzt umblättern, lesen Sie nicht nur mit dem Verstand – lesen Sie auch mit Ihrem Geist, mit Ihrer Seele! Denken Sie über das Gelesene nach. Erwägen Sie, wie es gelingen könnte, Ihr Leben effektiver zu führen. Lassen Sie sich von den Weisheiten anregen, Ihre Prioritäten neu zu definieren und mehr Zeit für die wirklich wichtigen Dinge zu schaffen. Ordnen Sie Ihr Dasein neu, und legen Sie das frei, was Ihnen wirklich wichtig ist.

Machen Sie es sich zur Gewohnheit,
sich auf das Wesentliche zu konzentrieren!

Weg 3:
Das Wesentliche zuerst

Setzen Sie Prioritäten und beginnen Sie mit dem Wichtigsten

Sinn

Ein effektives Zeitmanagement konzentriert sich in erster Linie auf Ergebnisse, nicht auf Aktivitäten. Es zeigt, wohin Sie möchten, und auf dem Weg dorthin hilft es, Ihren Standort zu bestimmen. So bekommen Sie wichtige Informationen über den Kurs und erfahren rechtzeitig, wenn Sie angekommen sind. Es bündelt Ihre Energien und Anstrengungen. Es gibt allem, was Sie tun, Sinn und Zweck.

Stephen R. Covey, Die sieben Wege zur Effektivität

Das Leben ist ein Test.

Es ist wirklich nur ein Test. Denn wenn es das wirkliche Leben wäre, hätte man dir klare Anweisungen gegeben und dir gesagt, wohin du gehen sollst und was du zu tun hast.

unbekannt

Der Sinn unseres Lebens ist es, das Beste in uns zu verwirklichen.

Marianne Williamson

LEGEN SIE DIE LATTE HÖHER.

Wie die meisten Menschen (falls Sie nicht der Gattung Homo sapiens angehören und z.B. ein Lama, ein Brüllaffe oder etwas Ähnliches sind – Glückwunsch, dass Sie lesen gelernt haben!) suche auch ich immer nach Antworten. Oft kenne ich nicht einmal die Frage und suche dennoch nach der Antwort. Manchmal kenne ich eine Antwort und suche nach der Frage – das ist aber nur dann, wenn ich *Jeopardy* schaue.

Ellen Degeneres

Irgendwann in deinem Leben
wirst du eine Reise antreten.
Es wird die längste Reise sein,
die du je gemacht hast.
Es ist die Reise zu dir selbst.

Katherine Sharp

Welche Nebensächlichkeiten blockieren Ihre Energien?

Wohin wird dich deine Reise führen?

Wenn du einmal auf dem Weg zu einem sinnvollen Leben bist, dann betrittst du ein **Reich voller Magie**.

Wayne Dyer

Werden Sie sich über den Sinn Ihres Lebens klar

- Fragen Sie sich nach Ihren wirklichen Zielen und verfolgen Sie sie.
- Hören Sie auf Ihre innere Stimme, die Ihnen den rechten Weg weist.
- Finden Sie heraus, was in Ihrem Leben funktioniert und was nicht.
- Überlegen Sie, was Sie in Ihrem Leben ändern möchten.
- Beginnen Sie mit kleinen Änderungen anstelle einer radikalen Umstellung.
- Setzen Sie sich realistische Ziele und verfolgen Sie sie strategisch.
- Achten Sie nicht darauf, was andere über Ihre Veränderungsbestrebungen denken.
- Glauben Sie daran daran, dass alles möglich ist, wenn man nur will.
- Alles wird eintreten, wenn die Zeit und der Anlass dafür gekommen ist.
- Fühlen Sie sich verantwortlich für den Weg zu Ihrem Lebensziel.
- Und denken Sie immer daran: Es liegt ganz allein an Ihnen, ob Sie Ihr Ziel erreichen oder nicht.

Wenn du von einer großen Idee begeistert bist, von einem außergewöhnlichen Projekt, dann überwinden deine Gedanken alle Grenzen, dein Bewusstsein expandiert in neue Richtungen, und du findest dich in einer wunderbaren, neuen Welt wieder. Ruhende Kräfte, Möglichkeiten und Talente erwachen, und du entdeckst, dass du zu einer Persönlichkeit herangereift bist, von der du nicht einmal geträumt hast.

Patanjali

Nehmen Sie Ihre Gedanken und Gefühle in Besitz.

WERTE

Sie folgen Ihren eigenen, tief verankerten Werten und deren Ursprung. Und Sie haben den Willen und die Integrität, Ihre Gefühle, Impulse und Stimmungen diesen Werten unterzuordnen.

Stephen R. Covey, Die sieben Wege zur Effektivität

Bei der Suche

nach dem **Ehrenwerten**,

nach dem **Guten**

und dem **Wahren**

in deinem Leben werden sich all die Dinge, die du dir nicht vorstellen konntest, ganz nebenbei einstellen.

Oprah Winfrey

Viele Dinge werden dein Interesse erwecken, aber nur wenige werden dein Herz erreichen.

Folge ihnen!

unbekannt

Beantworten Sie die folgenden Fragen möglichst spontan. Denken Sie über das nach, was Ihnen dazu einfällt, und widmen Sie sich ganz besonders den wiederkehrenden Aussagen.

Welche **Werte** sind Ihnen besonders wichtig?

Was **interessiert** Sie am meisten?

Wofür empfinden Sie echte **Leidenschaft**?

Was ist Ihnen **wichtig**?

Was möchten Sie **erreichen**?

Wozu möchten Sie **beitragen**?

Woran **glauben** Sie?

Was ist Ihr **Potenzial**?

Welches sind Ihre **Stärken**?

Für welche **Werte** treten Sie ein?

An etwas zu glauben, macht es möglich.

Aber es wird dadurch nicht unbedingt einfacher.

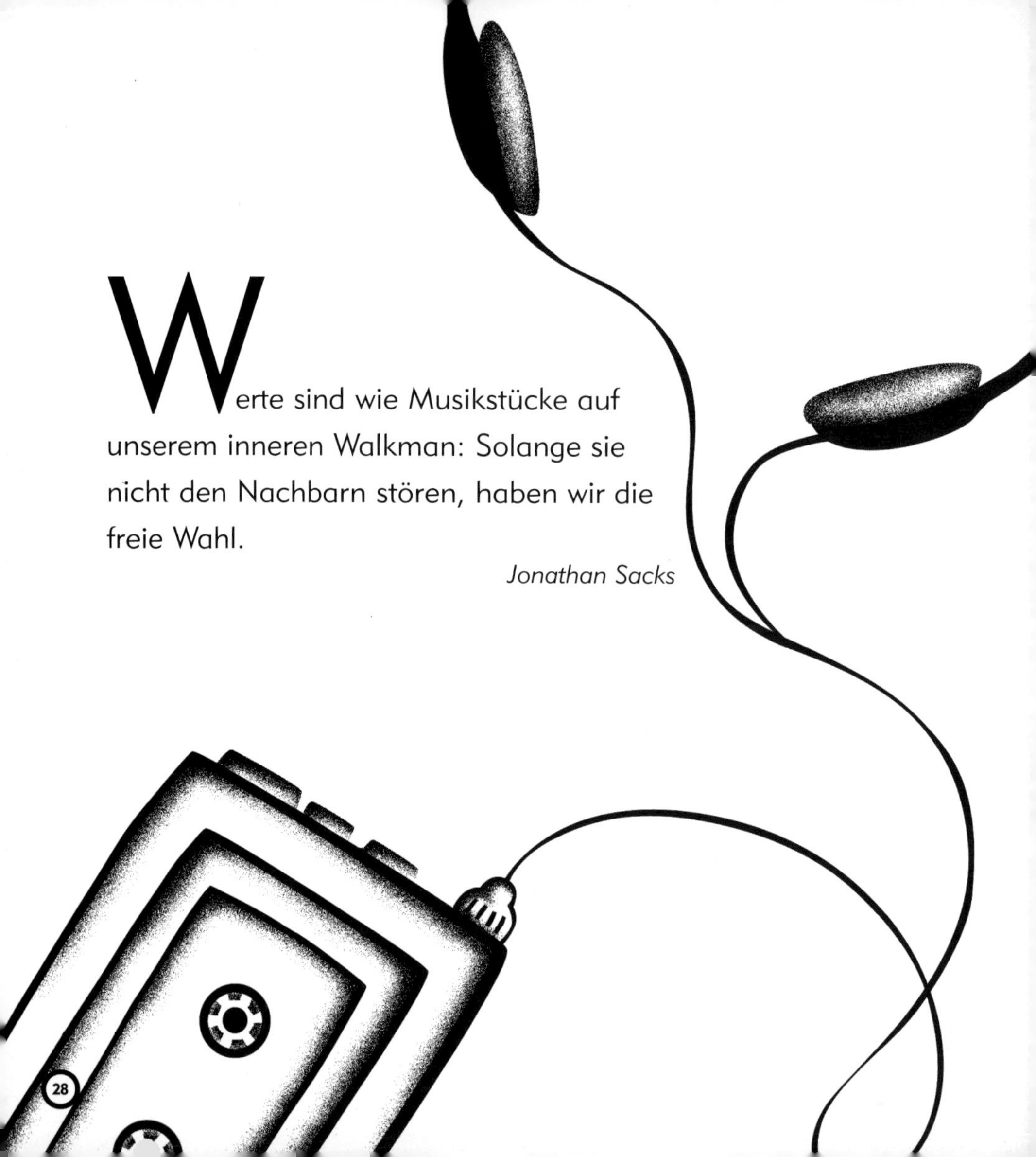

Werte sind wie Musikstücke auf unserem inneren Walkman: Solange sie nicht den Nachbarn stören, haben wir die freie Wahl.

Jonathan Sacks

Sind Sie
immer noch dabei,
nach etwas zu streben,
von etwas zu träumen,
etwas zu verändern,
etwas zu werden,
etwas zu tun
?????

Das Problem für die meisten von uns ist, dass wir einfach so durch das Leben hindurchschlittern. Wenn wir uns nur einmal, ein einziges Mal, so intensiv um die Frage kümmerten, was wir in unserem Leben erreichen wollen, wie wir es mit der Planung von zwei Wochen Urlaub tun, wir wären erschüttert über unsere bisherigen falschen Vorstellungen und die zahllosen vergeudeten Tage.

Dorothy Canfield Fisher

Ein weiser Mann lehrte
mich einmal, dass es
nicht wichtig ist, als
Erster anzukommen,
sondern

zu wissen,
wie man
ankommt.

unbekannt

Leben Sie, woran Sie glauben?

Ich hätte da eine Frage:
Wenn jemand lügt,
kann er dann wirklich vom
Blitz getroffen werden?

Jerry Seinfeld

Was »sein könnte« und was »gewesen sein könnte«, beginnt Wirklichkeit zu werden, wenn wir anfangen, uns darüber Gedanken zu machen.

ROLLEN

Ihre Lebensgrundsätze anhand der wichtigen Rollen in Ihrem Leben niederzuschreiben gibt Ihnen Ausgewogenheit und Harmonie. So bleibt jede Rolle klar sichtbar. Sie können sie häufig überprüfen, um sicherzustellen, dass Sie sich nicht ganz von einer Rolle absorbieren lassen und die anderen, die in Ihrem Leben ebenso wichtig oder noch bedeutender sind, vernachlässigen.

Stephen R. Covey, Die sieben Wege zur Effektivität

Spaß-Fanatiker gesellschaftliches Vorbild
Anführer
Vater/Mutter
Arbeitstier Partner
Chef
Partygirl
Mentor
Freund
Freiwilliger
Lehrer

WELCHES SIND IHRE ROLLEN?

Jammergestalt
Anwalt
Mode-Guru
Schöpfer
Hansdampf
Wunderkind
Student
Sportskanone
tragischer Held
König der Welt
Superwoman

Es gibt so viele Wege zu leben und zu wachsen, wie es auch Menschen gibt. Aber nur unsere eigenen Wege sind es, auf die es dann letztlich ankommt.

Evelyn Mandel

Es leuchtet ein

STERN

in jedem von uns.

SEI BEDEUTEND.

Immer wenn wir glauben, uns in unserem Leben bequem eingerichtet zu haben, finden wir noch ein Stückchen von uns selbst, das nirgendwo hineinpasst.

Gail Sheehy

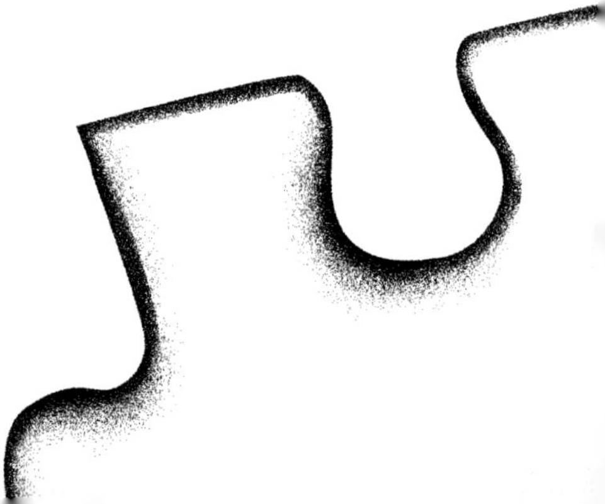

Ich weiß,

was du bist,

aber

was bin ich?

Pee Wee Herman

Ich bin nicht das Opfer der Welt, die ich sehe.

Die Welt, die ich sehe, habe ich selbst erfunden.

A Course in Miracles

Was wirklich wichtig ist:

Bereit sein, jederzeit das, was wir sind, zu opfern für das, was wir werden könnten.

Charles Dubois

Für viele Menschen kommt irgendwann der Punkt, an dem sie die Rolle, die sie gewählt haben, nicht mehr spielen können. In diesem Moment stehen wir da wie Schauspieler, die feststellen müssen, dass jemand das Stück umgeschrieben hat.

Brian Moore

Bei jedem Spiel schlüpfen wir in eine bestimmte Rolle, in eine Identität, mit der wir spielen.

Wir entscheiden, ob wir der Retter, das Opfer, der allwissende Anführer, der bedingungslose Anhänger, der Kluge, der Tapfere, der Ehrenwerte, der Listige, der Einfältige, der Hilflose, der Durchmogler, der Teuflische, der Unbekümmerte, der Bedauernswerte, der Ernste, der Sorglose, der Schwermütige, der Marionettenspieler, der Komiker oder der Held sein wollen. Wir wählen unsere Rolle nach Laune und Geschick und:

Wir können sie wechseln, wann immer wir wollen.

Richard Bach

Es ist nie zu spät, man selbst zu werden.

Prioritäten

Der Schlüssel liegt nicht darin, Prioritäten für das zu setzen, was auf Ihrem Terminplan steht, sondern darin, Termine für Ihre Prioritäten festzusetzen.

Stephen R. Covey, Die sieben Wege zur Effektivität

Wenn du deinen Traum mit dem Herzen lebst, ist keine Anforderung zu hoch.

Jiminy Cricket

Denk immer daran:

Kein Vorhaben oder Problem ist wichtiger als das eigene.

Janeane Garofalo

1 • 2 • 3 • 4 • 5

Welches sind die

FÜNF

Dinge, die Ihre größte Aufmerksamkeit verlangen?

Wir müssen uns bemühen, **Mitgefühl**

zu zeigen, gleichzeitig unsere Grenzen

zu kennen und

ohne Schuldgefühle

Nein sagen zu können...

Ram Dass

POWER-
FAULENZEN

ist keine echte Alternative.

Ich lehrte aus Büchern mein Kind,

doch die Blätter des Wissens verflogen im Wind.

Ich lehrte es mit Reden und Erzählen,

doch welches Kind will sich mit Zuhören quälen?

Verzweifelt wendete ich mich ab:

Was soll ich noch tun, was hilft bei dir?

Da sagte es: Komm, spiel mit mir!

unbekannt

Gelegenheiten
gehen nie
verloren.
Sie werden
einfach von
jemand anderem
genutzt.

Wenn wir in der Lage sind, anzuhalten,
dann beginnen wir zu sehen.

Thich Nhat Nanh

Welche Dinge hast du bisher ignoriert,

die immer immer wieder bei dir anklingeln?

Möglicherweise liegt die Ursache allen menschlichen Fortschritts in der Spannung zwischen diesen beiden Antrieben: dem Wunsch, das zu haben, was **alle** anderen auch haben, und etwas zu haben, das **niemand** anderes sonst hat.

Judith Stone

Gewinner leben ihr Leben, bevor
sie an den Lebensunterhalt denken.

Hingabe

Machen Sie sich bewusst, dass Sie immer zu irgendetwas »Nein« sagen. Wenn es nicht die offensichtlichen, dringlichen Dinge Ihres Lebens sind, dann sind es möglicherweise die grundlegenden, wichtigen Dinge. Selbst wenn die dringlichen Dinge gut und richtig sind, können sie Sie vom Wesentlichen abhalten – wenn Sie es zulassen!

Stephen R. Covey, Die sieben Wege zur Effektivität

Es ist großartig,

ein **großer Denker** zu sein,

solange man auch ein **großer Macher** ist.

Irgendwann müssen auch wir ein **großes Opfer** für unsere Bedürfnisse bringen. Dann müssen wir alles geben, auch uns selbst. Eine halbherzige Zuwendung, ein hohles Versprechen, das wird nicht reichen. Sie müssen die Aufgabe ernst nehmen, sich bis über beide Ohren in die Sache stürzen – und dürfen auf keinen Fall in letzter Sekunde einen Rückzieher machen.

Gregg Michael Levoy

Es kommt darauf an, sich auf eine geschickte und sanfte Weise an die eigenen Bedürfnisse heranzutasten, sodass man den ergiebigsten Punkt zum Andocken findet.

Annie Dillard

Sitzen Sie, gehen oder rennen Sie, aber **wackeln Sie nicht herum.**

Es ist in dieser Welt nicht so sehr entscheidend, wo man steht, sondern vielmehr, in welche Richtung man geht.

Oliver Wendell Holmes

Es gibt eine Kraft, die uns immer irgendwie auf den schwierigeren Weg drängt, auf dem wir aus den Niederungen herauskommen, in die wir hineingeboren wurden. Trotz aller Widerstände werden wir so zu besseren Menschen.

M. Scott Peck

Es kommt darauf an,
was du tust,
und nicht darauf,
was du tun könntest.

Manchmal ... wenn du alles auf einmal willst, gehst du völlig leer aus.

Ally McBeal

Du musst wissen, was du erreichen willst; und wenn du es weißt, lass dich davon leiten. Und wenn es dich vom Wege abzubringen scheint, zögere nicht, denn möglicherweise willst du instinktiv genau dorthin. Denn wenn du zögerst und immer nur dorthin willst, wo du schon gewesen bist, dann wirst du verkümmern.

Gertrude Stein

PLANEN

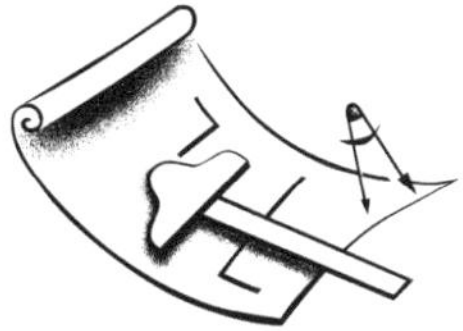

Glück kann, zumindest teilweise, definiert werden als Ergebnis des Wunsches und der Fähigkeit, für etwas Zukünftiges heute Opfer zu bringen.

Stephen R. Covey, Die sieben Wege zur Effektivität

Sofortige Erfüllung dauert einfach zu lange.

Carrie Fisher

Wenn du nicht aufpasst,

wirst du genau **dort**

enden,

wo du

hinrennst.

Was hast du mit deinem einen und kostbaren Leben vor?

Mary Oliver

Sind Sie so sehr beschäftigt mit Ihrer Arbeit,

dass Sie sich nicht mal eine To-do-Liste erstellen können?

Organisieren Sie Ihre nächste Woche. Beginnen Sie damit, dass Sie Ihre Rollen und Ziele für die Woche festsetzen. Aus den Zielen leiten Sie dann spezifische Handlungspläne ab.

Am Ende der Woche werten Sie aus, wie gut Ihr Plan Ihre tiefsten Werte in Ihr tägliches Leben übersetzt hat und welchen Integritätsgrad Sie für diese Werte wahren konnten.

Stephen R. Covey

Wenn Sie keinen Plan für Ihr Leben haben, läuft auch nichts nach Plan.

Sein, tun und haben sind wie ein Dreieck, bei dem jede Seite die anderen beiden unterstützt. Sie behindern einander nicht. Sie existieren zur selben Zeit.

Shakti Gawain

Was können Sie jetzt sofort

– in dieser Minute –

für ein weniger hektisches Leben tun?

Der Tag, an dem wir beschließen, jetzt endlich mit dem Leben anzufangen, kommt nie. Oder viel zu spät.

Ida Alexa Ross Wylie

Organisieren

Wenn Sie an der Entwicklung eines Paradigmas arbeiten, das Ihnen die Kraft gibt, die Dinge nach Wichtigkeit und nicht nach Dringlichkeit wahrzunehmen, vergrößern Sie Ihre Fähigkeit, jede Woche Ihres Lebens im Sinne Ihrer Prioritäten zu organisieren und entsprechend zu handeln, also Ihre eigenen Werte auch zu leben.

Stephen R. Covey, Die sieben Wege zur Effektivität

Es ist der Anfang, der die meisten Menschen lähmt.

Ertrinken Sie im Gerümpel? Wichtige Anzeichen sind, dass ...

- Sie eine große Sammlung an leeren Margarinebechern haben,
- Werbesendungen seit Monaten ungeöffnet bei Ihnen herumliegen,
- Ihr Keller seit fünf Jahren mit ungeöffneten Umzugskartons vollgestellt ist,
- Sie jeden Katalog aufheben, selbst den für Anglerbedarf, obwohl Sie nie angeln,
- Sie die folgenden Dinge herumliegen haben: defekte Stehlampe, einen Bilderrahmen mit zersprungener Scheibe, einen Stapel alter Kleider für die Altkleidersammlung, einen alten Tisch, den Sie irgendwann einmal reparieren wollten,
- Sie eine Schublade voll Sonderangebotsprospekte für Dinge haben, die Sie niemals kaufen werden,
- die Leute Sie Lumpensammler nennen und Sie halten das für ein Kompliment,
- Sie sich nicht von den Stapeln alter Magazine trennen können, die bei Ihnen herumliegen,
- Sie Schubladen haben, die Sie nicht zu öffnen wagen.

Stellen Sie sich vor,
es sei **Katastrophenalarm** und Sie
müssten Ihr Haus umgehend verlassen.
Sie können so viel mitnehmen,
wie Sie in **fünf Minuten** in Ihr Auto
laden können.
Was würden Sie mitnehmen?

Die meisten **dringenden Dinge**

sind nichts weiter als

die **Prioritäten anderer Leute.**

Ich war ja so beschäftigt, beschäftigt
und noch mal beschäftigt mit den
Vorbereitungen für mein Leben.
Währenddessen glitt das
Leben an mir vorbei,
schnell und leise
wie ein
Segelschiff.

Lorene Cary

Es gibt kein nächstes Mal.

Zeitmanagement ist wirklich ein irreführender Begriff. Die Herausforderung liegt nicht darin, seine Zeit zu managen, sondern sich selbst.

Stephen R. Covey

Quälen Sie sich nicht. Organisieren Sie sich!

1. Um Ordnung zu schaffen, haben Sie vier Möglichkeiten: Man kann Dinge aufhängen, in eine Schublade legen, auf ein Regal oder auf den Fußboden. Wenn Sie etwas ein Jahr lang nicht benutzt haben, werden Sie es wahrscheinlich niemals benutzen.

2. Trennen Sie sich von allen Sachen, die Sie mehr als ein oder zwei Jahre nicht benutzt haben – außer Steuerbescheiden und Urkunden. Das spart Platz, Zeit und Geld.

3. Der Papierkrieg ist für jeden von uns ein Problem. Sammeln Sie wichtige Notizen in einem Ordner, einem Notizbuch, einem Kalender oder auf einer Tafel. Markieren Sie besondere Ereignisse farbig, pro Ereignis oder Person eine Farbe.

4. Entwickeln Sie ein System zum Abarbeiten Ihrer Aufgaben. Das geht mit einem Karteikasten oder einem Ordner mit Trennblättern.

5. Für Rechnungen und Korrespondenz empfiehlt sich ein Sammelordner mit zwölf Fächern. Beschriften Sie sie entsprechend mit wichtigen Dingen wie Fälligkeiten von Rechnungen, Versicherungen, Geburtstagen usw., und sortieren Sie alle Korrespondenz ein. Mit diesem Ordner können Sie überall arbeiten.

6. Planen Sie für jeden Monat einen festen Bürotag ein.

7. Minimieren Sie die Kosten für den Organisationsaufwand. Rezepte und Zeitungsartikel kann man ausschneiden und in Alben sammeln. Die übrige Zeitung wandert in den Müll.

Debbie Williams

Wie spät würde es sein, wenn alle Uhren stehen blieben?

Zen-Weisheit

AUSGEWOGENHEIT

Wenn Sie den Tag im Geiste durchgehen, können Sie erkennen, dass Ihre Rollen und Ziele natürliche Prioritäten liefern, die aus Ihrem angeborenen Gefühl von Gleichgewicht erwachsen. Es ist eine weichere, mehr rechtshemisphärische Art des Prioritätensetzens, die Ihrem Gefühl einer persönlichen Berufung entspringt.

Stephen R. Covey, Die sieben Wege zur Effektivität

Heutzutage verbringen wir mehr Zeit auf der Couch des Therapeuten als auf unseren eigenen Füßen. Psychotherapeuten sind heute die Gepäckträger unseres emotionalen Ballasts – mit dem Unterschied, dass sie 70 Euro Trinkgeld kassieren und unser Gepäck auf Flüge verladen, die niemals anzukommen scheinen.

Dennis Miller

Die meisten Menschen sind so damit beschäftigt, all das zu tun, was sie für **notwendig** halten, dass sie niemals an den Punkt kommen, wo sie tun können, **was sie wirklich wollen**.

Kathleen Windsor

Stress

ist ein Zustand der Unzurechnungsfähigkeit.

Man glaubt, alles sei ein Notfall

Glückliche Menschen

leben scheinbar weniger hektisch. Sie haben mehr Zeit und können den Augenblick genießen. Dieses Glück ist für uns alle erreichbar.

Stephen Rechtschaffen

Welche Tätigkeiten, Rollen und Aspekte Ihres Lebens

bringen Ihnen die meiste

Freude und Erfüllung?

Welche bereiten Ihnen den größten Kummer?

Wenn wir etwas »bedenken«, dann sind wir bewusst bei der Sache, ohne von unbewussten Vorurteilen gelenkt zu werden, ohne Vermutungen und ohne festgelegte Verhaltensmuster. Auf diese Weise wird jeder Moment des Bedenkens ein Moment der Freiheit, der uns von gedankenlosen Gewohnheiten abhält. Deshalb liegt hier der Grundstein für ein ausgeglichenes Leben.

Joel und Michelle Levey

Wenn Sie sich geduldig darauf einlassen, die Lektionen des Lebens anzunehmen, dann begegnen sie Ihnen auf vielerlei Wegen. Hören Sie auf die Weisheit eines Kindes, freuen Sie sich über die Zuneigung eines Freundes, helfen Sie denen, die in Not sind, fragen Sie einen Kollegen um Rat, folgen Sie Ihren Eingebungen, lachen Sie über Ihre Eigenheiten und Schwächen, und lernen Sie sie zu akzeptieren, entdecken Sie die überraschende Heilkraft der Spontaneität, erwarten Sie von jedem Tag das Beste, und werden Sie sich klar darüber, **was für ein wundervolles Leben Sie haben** – beginnen Sie jetzt damit!

Sarah Ban Breathnach

Woran merken Sie, dass Ihr Leben aus dem Gleichgewicht geraten ist?

Die sechs Gehemnisse eines unglaublich ausgeglichenen Lebens

Bauen Sie sich ein super-effizientes Netzwerk auf. Delegieren Sie, wann immer möglich, und lassen Sie sich helfen, wann immer nötig. Man kann nicht alles allein schaffen, also versuchen Sie es erst gar nicht. Sich zu übernehmen ist eine tödliche Falle.

Definieren Sie Ihre Beziehungen neu. Welche sind Ihnen wirklich wichtig? Welche können auf Sparflamme weiterlaufen? Lösen Sie sich von solchen Beziehungen und Verpflichtungen, die allen Beteiligten nichts bringen außer zusätzlichem Stress.

Springen Sie ins volle Leben. Das heißt aber nicht, allem und jedem nachzurennen. Belegen Sie einen Kurs für Yoga, für Teppichknüpfen oder für asiatische Harmonielehre. Finden Sie eine Beschäftigung, die Ihnen Freude macht und einen gesunden Ausgleich fördert. Es lohnt sich.

Lernen Sie mit dem Strom zu schwimmen. Die Dinge geschehen, also seien Sie flexibel und passen Sie sich an. Es macht keinen Sinn, sich gegen etwas zu stellen, das man ohnehin nicht ändern kann. Nehmen Sie es zur Kenntnis und gehen Sie weiter Ihren Weg.

Nehmen Sie sich Zeit für sich selbst. Gönnen Sie sich Stunden des Alleinseins, in denen Sie das Verhältnis zu sich selbst stärken und vertiefen können. Meditieren Sie, lesen Sie, hören Sie Musik, nehmen Sie ein Bad. Lassen Sie alle Belastungen außen vor und seien Sie glücklich.

Arbeit ist Arbeit. Freizeit ist Freizeit. Beides ist notwendig, sollte aber schön getrennt sein. Nehmen Sie keine Arbeit mit in die Ferien. Oder – viel schlimmer noch – opfern Sie keine Freizeit, weil Sie zu viel zu tun haben. Oder soll auf Ihrem Grabstein wirklich stehen: »Ich wünschte, ich hätte mehr Zeit im Büro verbracht.«

Richtig verstandenes Gleichgewicht ist ein ständiger Kreislauf von Lernen, neuen Herausforderungen, noch mehr Lernen und neuen Erfolgserlebnissen. Auf jeder Stufe bringt man einen höheren Grad an Verständniss mit, der den Umgang mit noch komplexeren Aufgaben ermöglicht. Was glauben Sie, wie lange sich dieser Kreislauf von Lernen und Begreifen fortsetzt? Unendlich. **Lebenslanges Lernen ist ein Lebensstil,** nicht nur ein nettes Schlagwort.

Joel und Michelle Levey

Ein unausgeglichenes Dasein fordert seinen Preis. Bitte zahlen Sie passend.

Anfangen

Nur wenn Sie die Selbst-Bewusstheit haben, Ihr Programm zu untersuchen – und das Vorstellungsvermögen und das Gewissen, ein neues, einzigartiges, prinzipienorientiertes Programm zu schaffen, zu dem Sie »Ja« sagen können –, nur dann werden Sie über ausreichend unabhängige Kraft verfügen, »Nein« zu dem Unwichtigen zu sagen und dies mit einem Lächeln zu begleiten.

Stephen R. Covey, Die sieben Wege zur Effektivität

Lebe dein Leben so, dass deine Kinder ihren Kindern erzählen können, dass du nicht nur ein wunderbarer Mensch warst, sondern auch so gelebt hast.

Dan Zadra

Nimm dir vor, sinnvolle und wirksame Lösungen für die Verbesserung und den Wandel dieser Welt zu suchen. Sieh dich um und nimm dich der Probleme und Angelegenheiten an, die in deiner unmittelbaren Umgebung akut sind.

Shakti Gawain

Eine Idee,

die nicht umgesetzt wird, kann niemals größer werden als die Gehirnzelle, in der sie entstand.

Arnold Glasgow

Den Montag zu verabscheuen

ist eine dämliche
Methode,
ein Siebtel des
eigenen Lebens
zu vergeuden.

unbekannt

Ja, Risiken einzugehen bedeutet auch, verlieren zu können. Sonst hieße es »auf Nummer Sicher gehen«.

Tim McMahon

Es gibt so viele Dinge, von denen wir wünschten, wir hätten sie gestern erledigt, und so wenige, die wir uns für heute vorgenommen haben.

Mignon McLaughlin

Zehn Zeichen dafür, dass es Zeit für eine Veränderung ist:

1

Sie lachen nicht mehr.

2

Sie sind so zittrig wie die Amateur-Handycam.

3

Ihr Spitzname ist »Sackgasse«.

4

Sie machen ständig neue Pläne für die gleiche Woche.

5

Man sagt mehr als einmal am Tage »Kopf hoch« zu Ihnen.

6

Vom vielen Jammern kennen Sie nicht mal mehr Ihre normale Stimme.

7

Sie sind nicht mehr Sie selbst, und niemand liebt Ihr neues Selbst.

8

Das Wort »Festgefahren« hat irgendwie eine aktuelle Bedeutung für Sie.

9

Viel reden, nichts anpacken: das ist Ihr Mantra.

10

Sie sind gefallen und kommen nicht wieder hoch.

Verwechsle niemals Bewegung mit Handeln.

Ernest Hemingway

Das Leben
ist voll von
eingebildeten
Hindernissen.

Grant Frazier

Dies ist die Geschichte von vier Menschen namens Jedermann, Irgendwer, Irgendjemand und Niemand. Es war eine wichtige Arbeit zu verrichten, und Jedermann war überzeugt, dass Irgendwer sie in Angriff nehmen müsse. Irgendjemand hätte es tun können, aber es fand sich Niemand. Irgendwer ärgerte sich darüber, denn es war eigentlich Jedermanns Aufgabe. Jedermann dachte, dass Irgendjemand es tun sollte, aber Niemand erkannte, dass Jedermann es nicht als seine Aufgabe betrachtete. Am Ende beschuldigte Jedermann Irgendwen, weil Niemand nicht das tat, was Irgendwer hätte tun können.

unbekannt

WARNUNG: Termine im Kalender sind immer näher, als es den Anschein hat!

Entscheiden und Handeln

Neben Selbst-Bewusstheit, Vorstellungsvermögen und Gewissen ist es die vierte Gabe, der unabhängige Wille, die effektives Selbstmanagement wirklich möglich macht. Es ist die Fähigkeit, Entscheidungen zu treffen, zu wählen und auch entsprechend zu handeln.

Stephen R. Covey, Die sieben Wege zur Effektivität

Wir sind viel zu beschäftigt, um uns die Zeit für die positiven Botschaften zu nehmen, die wir alle brauchen. Ist es nicht merkwürdig, dass wir alle genügend Zeit finden, um über unsere Einsamkeit, unser Aussehen und unser Übergewicht zu jammern? Oder über den miesen Job und die Probleme mit dem Partner? Offenkundig haben wir für das Negative immer Zeit. Aber wenn es darum geht, fünf Minuten am Tag zu finden, in den Spiegel zu schauen und sich und der Welt etwas über Liebe und Verständnis zu sagen, ja dann ... dann haben wir keine Zeit.

Ben Stiller

Wenn du
malst,
verwende deine
eigenen
Farben.

Wenn ich mich auf etwas konzentrieren würde, dann **könnte ich alles schaffen**. Nur – ich habe eigentlich keine Lust, mich auf etwas zu konzentrieren. Basta.

Ellen Degeneres

Authentische Kraft wurzelt tief in unserem Inneren. Man kann sie weder kaufen noch erben noch sammeln. Ein Mensch mit dieser authentischen Befähigung kann andere nicht zu Opfern machen. Ein solcher Mensch ist so stark und gefestigt, dass er gar nicht auf die Idee käme, Gewalt gegen andere einzusetzen.

Gary Zukav

Sind Sie ein Macher?

Bewerten Sie sich selbst. (1=wenig, 5=sehr stark)

- ✷ Wenn etwas getan werden muss, nehme ich es selbst in Angriff.
- ✷ Ich lerne aus schlechten Erfahrungen, anstatt den gleichen Fehler immer wieder zu begehen.
- ✷ Ich achte sehr auf mich, unabhängig von dem, was um mich herum vorgeht.
- ✷ Ich erwarte das Beste von mir, aber wenn es nicht klappt, komme ich darüber hinweg.
- ✷ Ich kann über mich selbst lachen und behalte auch in unangenehmen Situationen meinen Humor.
- ✷ Ich bin zufrieden mit mir. Natürlich bin ich nicht vollkommen, aber wen kümmert's?
- ✷ Ich kenne meine Stimmungsschwankungen. Man kann nicht immer gut drauf sein.
- ✷ Ich kann anderen zuhören, ohne sie zu unterbrechen, um meine Geschichte loszuwerden.
- ✷ Ich bin in der Lage, kreative Lösungen zu finden, und freue mich über die Herausforderung.
- ✷ Ich vertraue meiner Intuition und meinen Gefühlen. Meine innere Stimme ist immer eingeschaltet.
- ✷ Ich kann Vergangenes vergessen. Ich lebe heute und blicke in die Zukunft.
- ✷ Ich helfe anderen, ohne dafür eine Gegenleistung zu erwarten.
- ✷ Ich akzeptiere Lektionen, die mir das Leben erteilt, ohne gleich »warum ausgerechnet ich?« zu fragen.
- ✷ Ich genieße meine Einmaligkeit und möchte niemand anders sein.

Auswertung:

60 - 70 Punkte:
Hochleistungsaggregat.
50 - 60 Punkte:
Mehr Antriebskraft als die meisten.
40 – 50 Punkte:
Es könnte etwas mehr Schub sein.
30 – 40 Punkte:
Sie müssen zur Inspektion.
unter 30 Punkten:
Totalschaden, sofortige Runderneuerung fällig.

Iss, als hättest du gerade einen Herzinfarkt hinter dir.

Arbeite, als ob deine Tätigkeitsbeschreibung
gerade neu festgelegt würde.

Sprich so, als könnte jeder hören,
was du sagst.

Lebe so, dass du jeden Tag deinem Schöpfer
gegenübertreten könntest.

Stephen R. Covey

Macht kann übernommen, aber nicht verliehen werden.
Nur wer Macht übernimmt, wird wirklich mächtig.

Gloria Steinem

Andere zu kennen

ist Erkenntnis.

Sich selbst erkennen

ist wahre Weisheit.

Andere überwinden

ist Stärke.

Sich selbst überwinden

ist wahre Macht.

Laotse

Die Frage ist nicht, wer mich etwas tun lässt,
sondern **wer mich davon abhält!**

Ayn Rand

Über Franklin Covey

Franklin Covey ist die größte Gesellschaft für Zeitmanagement- und Persönlichkeitsentwicklung der Welt. Unser Service und unsere Produkte, die auf erprobten Prinzipien basieren, werden von mehr als 15 Millionen Menschen weltweit genutzt. Wir arbeiten mit einer Vielzahl von Kunden, sehr großen wie auch kleineren Unternehmen, Gemeinschaften und Organisationen. Sie kennen uns vielleicht durch unseren weltbekannten Franklin Planner oder eines unserer Bücher über die sieben Wege. Übrigens wurden mehr als 15 Millionen der Franklin Covey-Bücher weltweit verkauft – mehr als 1,5 Millionen pro Jahr. Aber vielleicht wissen Sie noch nicht, dass Franklin Covey auch Training für Unternehmensführung, Motivations-Workshops, persönliches Training, Audio- und Videoaufnahmen sowie das *Priorities Magazine* anbietet, um nur einige Tätigkeitsfelder zu nennen.

Sagen Sie uns Ihre Meinung

Wir würden gern Ihre Vorschläge oder Kommentare über *Sinn* hören.

www.franklincovey.com/portable7

The Portable 7 Habits
Franklin Covey
MS0733-CK
220 West Parkway Boulevard
Salt Lake City, Utah 84119-2331
USA

www.franklincoveyeurope.com

Franklin Covey Europe
Grimsbury Manor
Grimsbury Green
Banbury
Oxfordshire OX16 3JQ
United Kingdom

Quellen

Nachdruck mit freundlicher Genehmigung von Debbie Williams, Auszug aus *Creative Solutions to Organize Your Home or Office*.

Literatur

Adrienne, Carol, *Erkenntnis und Zufall. Den Sinn des Lebens finden*, München 2001.

Adrienne, Carol, *The Purpose of Your Life Experiential Guide*, New York 1999.

Bragg, Terry, *Endlich mehr Selbstwertgefühl*, München 2001.

Cope, Stephen, *Yoga and the Quest for the True Self*, New York 1999.

Gawain, Shakti, *The Path of Transformation*, Novato, Ca. 1993.

Levey, Joel / Levey, Michelle, *Living in Balance*, Berkeley, Ca. 1998.

Levoy, Gregg Michael, *Callings: Finding and Following an Authentic Life*, New York 1997.

Moody, Harry R., *The Five Stages of the Soul: Charting the Spiritual Passages That Shape Our Lives*, New York 1997.

Patterson, Ella, *1001 Reasons to Think Positive*, New York 1997.

Salzberg, Sharon (ed.), *Voices of Insight*, Boston, Ma. 1999.

Schaef, Anne Wilson, *Living in Process: Basic Truths for Living the Path of the Soul*, New York 1999.

St. James, Elaine, *Living the Simple Life*, New York 1996.

Tolle, Eckhart, *Jetzt. Die Kraft der Gegenwart. Ein Leitfaden zum spirituellen Erwachen*, Bielefeld 2000.

Vanzant, Iyanla, *Und meine Seele öffnet sich*, Berlin 2001.

Williamson, Marianne, *Verzauberte Liebe. Die mystische Kraft intimer Beziehungen*, Berlin 2001.

Witting, Chris J. Jr., *21 Day Countdown to Success*, Franklin Lakes, NJ. 1998.

Zukav, Gary, *The Seat of the Soul*, New York 1990.

BEGLEITER AUF DEN 7 WEGEN ZUR EFFEKTIVITÄT

Vision

Die ***Begleiter auf den 7 Wegen zur Effektivität*** stellen die Grundgedanken des bewährten Covey-Erfolgskonzepts zu Zeit- und Lebensmanagement in einer neuen, innovativen Form vor: Die sorgfältig ausgewählte Sammlung provokativer Fragen, witziger Aphorismen und inspirierender Anekdoten regt dazu an, große Träume zu träumen, zielstrebig Visionen auszubauen und schon am Anfang das Ende im Sinn zu haben.

Die kleine Covey-Bibliothek

Begleiter auf den 7 Wegen zur Effektivität

Vision

Weg 2:
Schon am Anfang das Ende im Sinn haben

Aus dem Englischen von Wolfgang Ehle

FranklinCovey

Campus Verlag
Frankfurt/New York

Die amerikanische Originalausgabe erschien erstmals 1999 unter dem Titel
»The Portable 7 Habits™. Vision: Defining Your Destiny In Life« bei Franklin Covey Co.

Aus dem Englischen von Wolfgang Ehle

Die Deutsche Bibliothek – CIP-Einheitsaufnahme

Ein Titeldatensatz für diese Publikation ist bei
Der Deutschen Bibliothek erhältlich.
ISBN 3-593-37079-4

Umschlaggestaltung: Guido Klütsch, Köln
Satz: WHE Marketing Beratung, Neu-Isenburg
Illustration: Tammy Smith
Druck und Bindung: Druckhaus Beltz, Hemsbach
Gedruckt auf säurefreiem und chlorfrei gebleichtem Papier.
Printed in Germany

Inhalt

Das Beste, was wir in unserem Leben erreichen können, ist ein hohes Ziel zu haben und diesem Ziel möglichst nahe zu kommen.

Oprah Winfrey

Einführung

Wenn Sie Ihre Träume wirklich wahr werden lassen wollen, dann müssen Sie sie sich ganz bewusst vor Augen halten. Natürlich bedarf es der Übung, das Ziel nicht aus den Augen zu verlieren. Vor allem aber verabschieden Sie sich von falscher Selbsteinschätzung. Werfen Sie unnützen Ballast über Bord und richten sich ein neues Wertesystem ein. Alles Weitere ist ganz einfach: Sie müssen nur herausfinden, was Sie wirklich wollen, und den festen Willen haben, es zu erreichen.

In diesem Band der Reihe *Begleiter auf den 7 Wegen zur Effektivität* haben wir ein bewährtes Prinzip des Konzeptes der *Sieben Wege zur Effektivität* von Stephen R. Covey vereinfacht dargestellt, damit Sie Ihre Zukunft nach Ihren Wünschen gestalten können.

In diesem Buch gibt es keine Anweisungen, denen man folgen muss. Keine Instruktionen. Keine Vorschriften. Und keine Formeln für den Erfolg. Stattdessen finden Sie eine Sammlung von anregenden Fragen, inspirierenden Zitaten und lehrreichen Anekdoten, die Sie dabei unterstützen, das »Ende« immer im Hinterkopf zu behalten.

Wenn Sie jetzt umblättern, lesen Sie nicht nur mit dem Verstand – lesen Sie auch mit Ihrem Geist, mit Ihrer Seele! Denken Sie über das Gelesene nach. Erwägen Sie, was es ausmachen könnte, ein erfüllteres Leben zu haben. Lassen Sie sich von den Ratschlägen ermutigen, dem Glück eine Chance zu geben. Träumen Sie große Träume, bauen Sie Ihre Visionen aus, gewinnen Sie Inspiration und Zielstrebigkeit. Erkennen Sie, dass Ihr Leben einen Sinn hat, blicken Sie Ihren Zielen entgegen, und glauben Sie ganz fest daran, dass Sie Ihr Glück verdienen!

Machen Sie es sich zur Gewohnheit,
schon am Anfang das Ende im Sinn zu haben.

Weg 2:
Schon am Anfang das Ende im Sinn haben

Lebensgrundsätze und Ziele des eigenen Lebens definieren

VISION

Schon am Anfang das Ende im Sinn zu haben, bedeutet, mit einem klaren Verständnis des Zieles zu starten. Es bedeutet zu wissen, wo Sie hingehen, damit Sie besser verstehen, wo Sie jetzt sind, und Ihre Schritte immer in die richtige Richtung zu lenken.

Stephen R. Covey, Die sieben Wege zur Effektivität

Wenn du etwas

sehen kannst,

dann kannst du es auch

haben.

Was lässt deine Seele schwingen?

Sich das Gewünschte vorzustellen,

als ob es bereits existierte,

öffnet die Tür zur Erfüllung.

Shakti Gawain

Stellen Sie sich zu Beginn jedes neuen Tages vor, was Sie erreichen möchten. Handeln Sie verantwortungsbewusst, ruhig und effizient. Bleiben Sie von sich überzeugt, auch wenn nicht immer alles auf Anhieb klappt – irgendwann wird es so weit sein. Gehen Sie mit einem Lächeln und Freude im Herzen durch den Tag.

Iyanla Vanzant

Beginnen Sie, wo Sie sind

zeichnen Sie eine Karte

schreiben Sie es nieder

planen Sie es durch

werfen Sie Ballast ab

ergründen Sie den Sinn

setzen Sie Worte in Taten um

proben Sie den Ernstfall

seien Sie zielorientiert

aufmerksam

schöpferisch

es wird passieren

Glauben Sie an sich, und Sie werden es schaffen!

Das Leben ist ein Geheimnis, das ergründet, nicht ein Problem, das gelöst werden soll.

unbekannt

Wenn Sie sich ein Ziel setzen, müssen Sie nicht sofort wissen, wie es zu erreichen ist. Stellen Sie sich immer wieder das gewünschte Ergebnis vor. **Dann wird sich das »Wie« ganz von selbst erschließen.**

Vince Pfaff

Unsere Sichtweise der Realität ist wie eine Landkarte, auf der wir unseren Weg durch das Leben suchen.

Wenn die Karte echt und genau ist, dann wissen wir im Allgemeinen, wo wir sind, und wenn wir uns für ein Ziel entschieden haben, wissen wir auch, wo es langgeht. Mit einer schlechten Karte aber gehen wir meistens in die Irre.

M. Scott Peck

Es genügt nicht, nur vom Erfolg zu träumen.

wachen Sie auf,

und tun Sie etwas dafür!

1

Wenn du etwas angefangen hast, stell es nicht infrage.

2

Wenn du springst, tu es mit ganzem Herzen.

3

Frage dich »Wann ist der richtige Zeitpunkt, es zu tun?«

4

Spring ohne Netz, und vertraue nur dir selbst.

5

Denke immer daran: Wenn du nicht springst,
bleibt dein Leben, wie es ist.

Harold R. McAlindon

Was heute normal ist, war früher auch nur eine verrückte Idee.

Verständnis

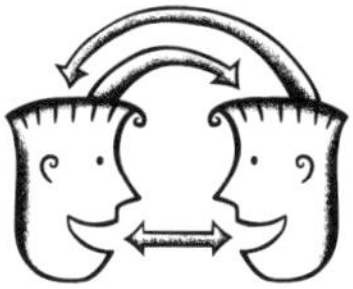

Wenn sich Menschen wirklich bemühen, die Dinge zu erkennen, die wichtig für ihr Leben sind und die sie wirklich wollen, dann werden sie sehr ehrfürchtig. Denn dann denken sie in Kategorien, die größer sind als Heute und Morgen.

Stephen R. Covey, Die sieben Wege zur Effektivität

Alles, was ich für meine Zukunft brauche,
ist ein **Zukunftsentwurf**,
in dem **ich selbst** vorkomme.

Francine Julia Clark

Lerne

aus den Fehlern anderer.
Du lebst nicht lange genug,
sie alle selbst zu machen!

unbekannt

Für die meisten von uns ist das

Leben

ein andauernder Prozess der Anpassung an Dinge, die wir nicht erwartet hatten.

Martha Lupton

Sie können andere nicht verstehen, solange Sie sich nicht selbst verstehen.

Wenn Sie sich heute Abend zur Ruhe legen, vergessen Sie den langen Weg, den Sie noch vor sich haben, und freuen Sie sich stattdessen darüber, wie weit Sie schon gekommen sind.

Bob Moawad

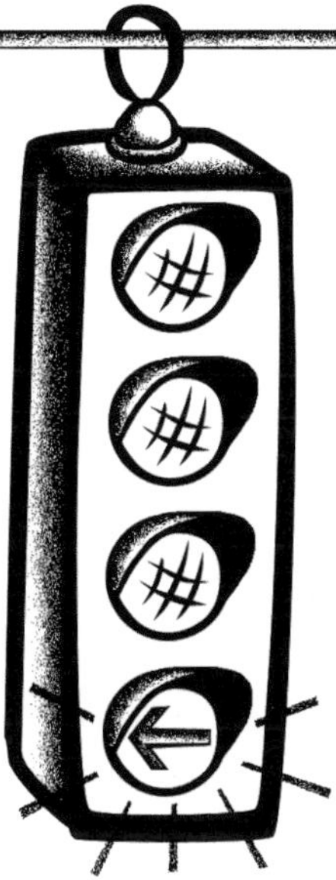

Glück bedeutet nicht, mit wenig zufrieden zu sein, sondern sich mit dem gut zu fühlen, was ist. Ich habe immer nach dem Motto gelebt: »Es sind nicht Anerkennung und Besitz, die dich zum Lachen bringen, sondern die simple Tatsache, dass du an der Linksabbieger-Ampel noch als Dritter über die Kreuzung gekommen bist.«

Dennis Miller

Ich wanderte nächtelang am Strand umher, dichtete leere Verse und wartete endlos darauf, dass endlich jemand Wundervolles in mein Leben träte und alles änderte. Ich bin überhaupt nicht auf die Idee gekommen, dass ich selbst dieser Jemand sein könnte.

Anna Quindlen

Ich habe in meinem ganzen Leben
keine Fehler gemacht.
Ich möchte nicht übernatürlich
erscheinen, aber es ist wirklich so.
Allerdings hatte ich **etliche**
harte Lektionen zu lernen.

Oprah Winfrey

Man lernt jeden Tag etwas Neues kennen. Oder eigentlich etwas Altes. Denn nichts ist neu, nur weil du es gerade neu erfahren hast. Andere wussten es schon vor dir. Columbus ist ein gutes Beispiel dafür.

George Carlin

INSTINKT

Wir brauchen eher eine Vision oder Bestimmung und einen Kompass (also eine Reihe von Grundsätzen und Ausrichtungen) und weniger eine Straßenkarte. Oft wissen wir nicht, was vor uns liegt und was wir brauchen, um die Strecke zu überwinden. Vieles hängt dann von unserem Urteil ab – aber mit dem inneren Kompass werden wir immer die Richtung finden.

Stephen R. Covey, Die sieben Wege zur Effektivität

Was haben Ihnen andere Leute Ihr ganzes Leben lang erzählt?

Zwing dich nicht, NETT zu sein.

Allseits beliebt zu sein, ist nicht unbedingt in deinem Interesse. Um es klar zu sagen: Wenn du dich immer so verhältst, dass dich alle mögen, dann machst du wahrscheinlich etwas falsch. Die Masse war noch nie sensibel genug, um einen wirklich großen Menschen zu erkennen.

Janeane Garofalo

Eine hoch entwickelte Intuition ermöglicht es uns, in Symbolen und Gleichzeitigkeiten Bedeutungen zu erkennen. Je mehr wir solche Bedeutungen in »Zufälligkeiten« finden, umso stärker werden unsere intuitiven Kräfte. Die vertiefte Bindung zu unserer gegenwärtigen Umgebung verbessert unsere Fähigkeit, der inneren Stimme zu folgen. **Alle Dinge stehen untereinander in Beziehung.**

Carol Adrienne

Hören Sie auf Ihre innere Stimme.

Sie ist die einzige, die zählt.

Im Gegensatz zu dem Quatsch, den die Rationalisten erzählen, sind Träume real.

Träume sind sehr real.

Sie vermitteln reale Informationen, reale Wirkungen und Gefühle – und sie haben reale Konsequenzen, wenn man sie ignoriert.

Gregg Michael Levoy

Seiner Intuition zu trauen ist eine Kunst, und wie bei allen Künsten bedarf es auch hier der Übung, um sie zu perfektionieren.

Shakti Gawain

Alles, was du wahrnimmst –
alles, was du **fühlst**, woran du dich **erinnerst**,
was du **träumst** oder **spürst**, kurzum, alles, was du
erlebst, **hat einen Sinn.** Alles.

Laura Day

Je ruhiger Sie werden, umso besser können Sie hören,
wie Ihre Ideen zusammenspielen.

Oft weist dir die Intuition einen Weg. Folge ihm, meist ist es der richtige.

Oprah Winfrey

Ausrichtung

Wenn wir tief in unser Inneres schauen, unsere grundlegenden Paradigmen verstehen und sie in Übereinstimmung mit den richtigen Prinzipien bringen, schaffen wir sowohl ein effektives, Kraft gebendes Zentrum als auch eine klare Brille, durch die wir die Welt sehen können. Dann können wir den Blick darauf richten, welche Beziehung wir als einzigartige Individuen zu dieser Welt eingehen können.

Stephen R. Covey, Die sieben Wege zur Effektivität

Die

Welt kommt

nicht

zu den Überfliegern,

sie kommt

zu den sturen,

zielstrebigen Menschen,

die immer

eines nach dem anderen

erledigen.

Mary Roberts Rinehart

Denken Sie an etwas, was Sie erreichen möchten, von dem Sie aber glauben, es sei unmöglich. Und dann überwinden Sie Ihre negative Einschätzung für 30 Tage und tun so, als hätten Sie es bereits geschafft.

Machen Sie sich auf eine Überraschung gefasst.

Ein erfülltes Leben zu führen bedeutet seinen tiefsten Instinkten zu folgen. Wer ihnen aus Angst vor den Konsequenzen nicht folgt, lebt sicher, durchschnittlich und fade.

Katherine Butler Hathaway

Die Welt fordert

von uns, dass wir weniger auf Anpassung und Konformität achten und stattdessen aufmerksamer miteinander umgehen, gemeinsame Erfahrungen machen und beobachten, was dabei herauskommt.

Sie fordert

von uns mehr Anteilnahme und weniger Planung.

Wheatley und Kellner Rogers

Was würde Sie

wahnsinnig glücklich

machen?

Wenn wir uns selbst verloren haben, kann uns niemand von außen helfen. Partner, Freunde, Kollegen – niemand kann unsere innere »Energieversorgung« ersetzen. Wir sind verloren gegangen, und der einzige Ausweg besteht darin, uns selbst wieder zu finden. Das braucht Zeit und ist ein schweres Stück Arbeit – aber es lohnt sich.

Anne Wilson Schaef

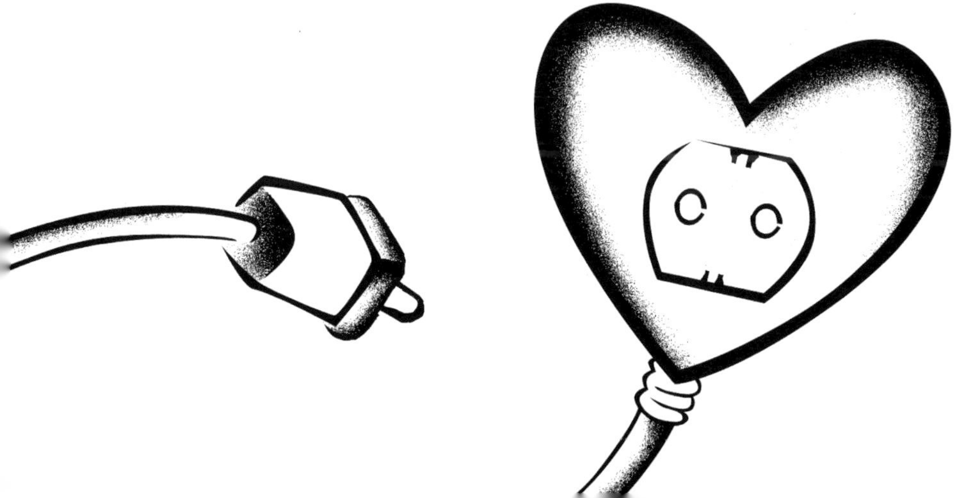

Konzentrieren Sie sich

1. Vergessen Sie die »wollte«-, »könnte«-, »müsste«-Sätze.
2. Vergesen Sie die Vergangenheit.

   Sie interessiert nächste Woche nicht mehr.
3. Bremsen Sie Ihren ziellosen Aktivismus. Der kostet nur Energie.
4. Nehmen Sie sich Zeit für sich selbst. Sie haben es verdient.
5. Gehen Sie davon aus, dass alles einen Grund hat.
6. Schalten Sie unnötige Ablenkungen aus.
7. Kümmern Sie sich nicht um die Meinung anderer.
8. Belasten Sie sich nicht mit Kleinigkeiten.
9. Gestehen Sie sich Fehler ein.
10. Holen Sie tief Luft.

Wenn du herausfinden willst, was dich glücklich, erfüllt, freudig und zuversichtlich macht, dann konzentriere dich auf das Gefühl, das du unbedingt erleben willst ...

Setze auf das Einfache.

Wie möchtest du dich fühlen? Suche nach den passenden Gelegenheiten, die dich glücklich machen, bei denen du im Einklang mit deinen Fähigkeiten und Wünschen agierst, und der Lohn wird nicht ausbleiben.

Carol Adrienne

Führen Sie Tagebuch

über Ihre Hoffnungen, Träume, Ziele und Erfolge. Wenn Ihr Leben lebenswert ist, dann verdient es auch, aufgeschrieben zu werden.

Zufrieden leben

ist eine Kunst, die man erlernen kann. Natürlich muss man gewisse Grundlagen mitbringen: Da ist die Liebe zum Leben im Allgemeinen und eine große Freude auch an den kleinen Dingen, die Sicherheit, dass die Welt einem nichts schuldet und dass jedes Geschenk genau das ist, was es ist – ein Geschenk.

Maya Angelou

Lassen Sie es niemals zu, dass die Umstände Ihr Sein bestimmen.

KREATIVITÄT

Kraft unseres Vorstellungsvermögens können wir die Welten der unausgeschöpften Potenziale in uns zum Vorschein bringen.

Stephen R. Covey, Die sieben Wege zur Effektivität

Schöpferische Menschen beginnen am Ziel.

Sie haben zuerst eine Idee und eine Vorstellung von dem, was sie erschaffen wollen. Manchmal ist es mehr eine allgemeine, manchmal eine ganz bestimmte Vorstellung. Bevor du etwas erschaffen kannst, musst du dir darüber klar sein, was es werden soll.

Robert Fritz

Wenn du Zweifel hast,

mache einen Narren aus dir.

Zwischen brillanter

Kreativität und dem

Verhalten eines kompletten

Vollidioten liegt nur

eine dünne Linie.

Also: Spring drüber!

Cynthia Heimel

Sich selbst in all seiner Individualität und Authentizität zu verwirklichen,
ist der höchste schöpferische Akt.

Eileen M. Clegg

Die 16 Gebote der Kreativität

1. Entscheide dich, kreativ zu leben.
2. Mache Kreativität zu einer Gewohnheit.
3. Fang deine Ideen ein.
4. Gehe kalkulierte Risiken ein.
5. Erfreue dich an deinen Ideen.
6. Sei du selbst.
7. Folge deinen kreativen Eingebungen.
8. Füttere deinen Geist.
9. Rege deine Sinne an.
10. Schöpfe aus deiner Leidenschaft.
11. Gehe jeden Tag einen Schritt auf deinen Traum zu.
12. Schaffe dir einen Ideen fördernden Raum.
13. Umgib dich mit Quellen der Kreativität.
14. Suche dir kreative Freunde.
15. Lerne aus deinen Fehlern.
16. Gib niemals auf.

Harold R. McAlindon

Höre nie auf, deinen **Geist** herauszufordern.

Der erste Schritt zur Kreativität ist, die eigenen ungeschriebenen Gesetze abzuschaffen.

Mary M. Byers

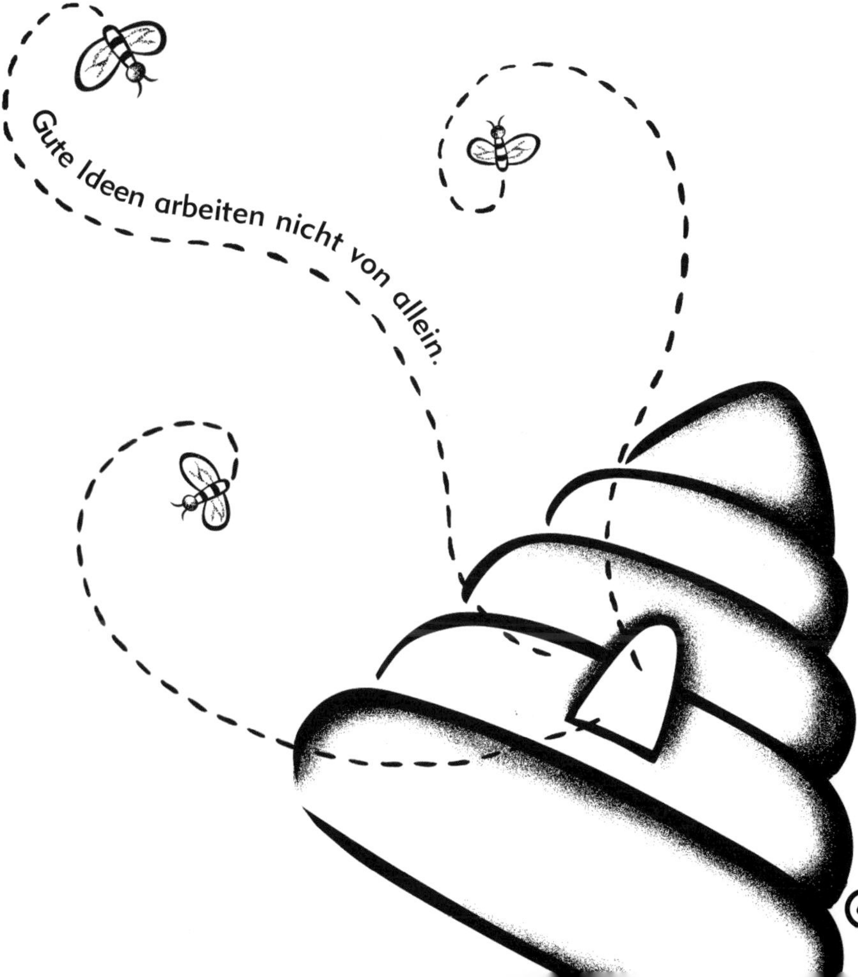
Gute Ideen arbeiten nicht von allein.

Denken Sie nach!

Wann hatten Sie zuletzt eine gute Idee

und haben sie umgesetzt?

Um vorn zu bleiben, müssen Sie die nächste Idee schon parat haben.

Rosabeth Moss Kanter

Weil unser Leben so gleichförmig verläuft, vergessen wir oft, dass es eigentlich ein Abenteuer ist. Wir gehen morgens zur Arbeit und tun so – und glauben auch daran –, als gingen wir unserer Bestimmung entgegen, ohne dass etwas Ungewöhnliches unseren Rhythmus stören könnte. Dabei ist das Leben pures Abenteuer. Und je eher wir das begreifen, umso eher werden wir das Leben als ein Kunstwerk verstehen. Es versorgt uns mit Energien für alle Herausforderungen und erhält uns flexibel genug, um auch mit dem Unerwarteten fertig zu werden. Wir müssen uns immer wieder daran erinnern, dass wir kreative Geschöpfe sind und jederzeit neue Szenarien entwerfen können, wenn es notwendig wird.

Maya Angelou

Wenn die kreativen Prozesse blockiert sind,

müssen verkrustete Denkstrukturen aufgebrochen werden.

Die Frage »Was wäre, wenn…« verlangt nach einer Komplettierung: »Was wäre, wenn wir es versuchten?«

Dale Dauten

ZIELSTREBIGKEIT

Die effektivste Methode, schon am Anfang das Ende im Sinn zu haben, ist, einen Grundsatz für das persönliche Leben, eine eigene Philosophie oder ein Glaubensbekenntnis zu entwickeln. Dieser Grundsatz definiert, was Sie sein wollen, tun wollen, und auf welchen Werten oder Prinzipien das Sein und das Tun beruhen.

Stephen R. Covey, Die sieben Wege zur Effektivität

Nutzen Sie wirklich jeden Tag alle Ihre Fähigeiten?

Es ist unmöglich, alle eigenen Werte von außen zu beziehen und dennoch seine spirituelle Integrität zu behalten. **Wir können uns nicht auf andere verlassen, wenn es um die Frage geht, wer wir sind,** welches unsere Werte sind, wenn es um unsere Bedeutung geht, um unser Sein insgesamt. Wenn wir unsere Identität durch andere definieren, dann verbringen wir die meiste Zeit und Kraft damit, so zu werden, wie die anderen uns haben wollen. Und wir haben ständig Angst, entlarvt zu werden. Wir hoffen, den anderen wirklich vormachen zu können, wir seien tatsächlich so, wie wir uns darstellen – und dabei verschleißen wir uns.

Anne Wilson Schaef

Mir scheint, dass wir nur darauf aus sind, jeden noch so fernen Grund für das Unglücklichsein zu suchen. Wir wenden immer ausgefeiltere Therapien an, um die Löcher in unserer Psyche zu verlöten. Der erste Punkt, den die Menschen offenbar nicht verstehen können, ist der, dass das Leben nicht immer lustig ist. Ich gestehe allerdings zu, dass die Suche nach dem Glück oft eine ebenso tragische und vergebliche Tätigkeit ist, wie das Installieren einer Eismaschine auf der Titanic.

Dennis Miller

Ihr Lebensziel ist nicht **»ÜBERALL IM HANDEL ERHÄLTLICH«**

Entscheidende Momente in Ihrem Leben

1. Finden Sie Ihre Leidenschaften

Was ist Ihnen am wichtigsten? Verschaffen Sie sich einen Überblick über die Dinge, die Sie wirklich brauchen und über diejenigen, auf die Sie verzichten können. Räumen Sie Ihren Leidenschaften mehr Platz in Ihrem Leben ein.

2. Folgen Sie dem Generalplan Ihres Lebens

Verschwenden Sie keine Zeit mit unwichtigen Dingen oder mit solchen, die sich nicht in Ihren Lebensplan einfügen. Nutzen Sie Ihre Zeit effizienter.

3. Formulieren Sie die ideale Erfüllung Ihrer Leidenschaft

Wie wirkt sie auf Sie? Wie sieht sie aus? Wo würde sie Sie hinbringen?

4. Beginnen Sie jetzt

Warten Sie nicht auf eine bessere Gelegenheit, den ersten Schritt in Richtung Ziel zu tun. Es gibt keinen besseren Zeitpunkt als genau jetzt!

5. Bleiben Sie offen für Veränderungen

Auch wenn nicht alles haargenau nach Plan läuft, kann die große Richtung immer noch stimmen. Haben Sie Vertrauen.

Möge die Straße dir entgegenkommen, mögest du immer den Wind im Rücken haben, möge dein Lebensziel deine Leidenschaften nähren wie nichts anderes auf der Welt.

Die meisten Menschen verbringen ihr Leben auf immer der gleichen holprigen Straße und wundern sich, warum sie ihren Träumen nicht näher kommen. Die Glücklichen entdecken, dass für sie eine schöne, sechsspurige Schnellstraße geradewegs über die Hügel führt. Es ist ihr persönlicher Lebensweg, der darauf wartet, sie direkt zu ihren Träumen zu bringen.

Chris J. Witting Jr.

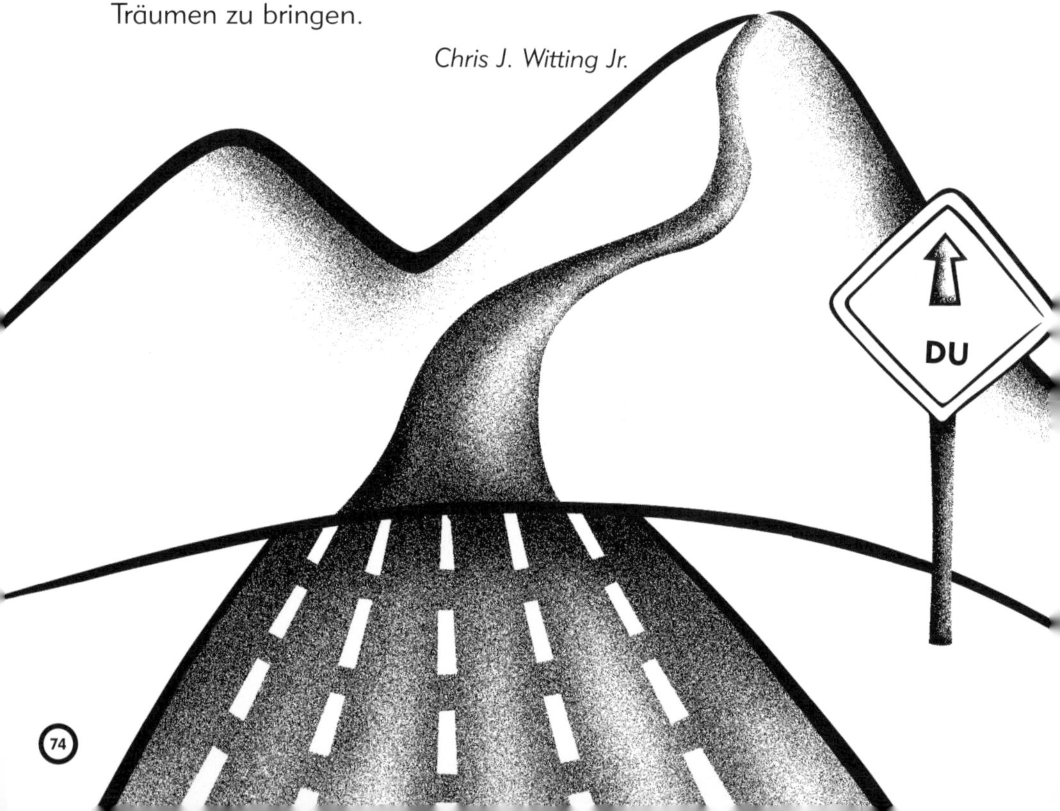

Wie schreibt man seinen Lebensgrundsatz?

Schreiben Sie zuerst alle Dinge auf, die Sie gerne machen. Dann listen Sie alle positiven Eigenschaften auf, die Sie an sich kennen. Beginnen Sie mit den Worten: »Ich bin ...« In einer dritten Liste schreiben Sie all das auf, was Sie in Ihrem Leben unbedingt erreichen möchten.

Es gibt noch viele weitere Möglichkeiten für Listen dieser Art.

Hier einige Beispiele:

Wonach strebe ich?
Was habe ich als Kind gerne gemacht?
Was würde ich ändern, wenn ich könnte?
Was interessiert mich heute am meisten?
Was schätze ich an mir selbst am meisten?
Was erfüllt meine Seele?
Was kann ich besonders gut?
Welche einmaligen Eigenschaften habe ich?

Vergleichen Sie alle Antworten untereinander. Kombinieren Sie sie miteinander, wie Sie es nie vorher getan haben. Irgendwo stoßen Sie auf die große Aufgabe Ihres Lebens. Nehmen Sie diese Worte und formulieren Sie daraus Ihren Lebensgrundsatz. Wenn es sich flach und nichtssagend anhört, sind Sie auf der falschen Fährte. Wenn es Sie innerlich berührt, dann liegen Sie richtig.

Man kann immer die Zeit finden, etwas zu tun. Und wenn es das Richtige ist, wird auch das Geld dafür da sein.

Entscheidend ist, dass man sich ein Herz fasst und den Mut hat, vorwärts zu gehen,

den einen Schritt vorwärts, der neue Bereiche des Lebens eröffnet.

Greg Anderson

Würden Sie

alles bisher Erreichte aufgeben,

um Ihr Lebensziel

zu verwirklichen

?

Dies ist der Test, mit dem du herausfindest, ob sich dein Lebenszweck auf Erden erfüllt hat:
Wenn du noch lebst, ist es noch nicht so weit.

Richard Bach

KONZENTRATION

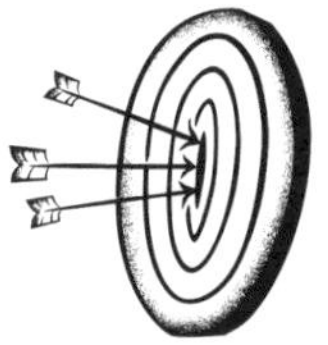

Indem wir unser Leben auf zeitlose, feststehende Prinzipien zentrieren, schaffen wir uns ein grundlegendes Paradigma des effektiven Lebens. Es ist das Zentrum, das alles andere in Perspektive setzt.

Stephen R. Covey, Die sieben Wege zur Effektivität

Konzentration ist ein Daseinszustand.

Wer sich auf etwas konzentriert, agiert zielgerichtet, lässt sich nicht ablenken oder frustrieren. Sie sind konzentriert, wenn Sie **für Entdeckungen offen** sind, egal unter welchen Umständen; wenn Sie den **Willen haben,** zu lernen und **sich** aufgrund des Gelernten **zu ändern**.

Judith S. Warner

DEIN EGO IST GELANDET.

Kennen Sie Ihr Zentrum?

1. **Wenn Sie das Wort »Zentrum« hören, woran denken Sie?**
   a) die Stadtmitte b) an den zweiten Teil des Wortes Einkaufs-
   c) an die Konzentration auf das Wesentliche
2. **Was verstehen Sie unter einem ausgeglichenen Leben?**
   a) die richtige Mischung aus Vitaminbonbons, Aspirin und Spurenelementen
   b) einen Satelliten-Receiver ohne Sportkanäle zu haben
   c) einen Kuchen zu haben und ihn dann auch mit Freude zu essen
3. **Was hören Sie, wenn Sie auf Ihre Intuition hören?**
   a) die Chaostheorie b) Hip-Hop c) Antworten
4. **Um in Harmonie und Ausgeglichenheit zu leben, müssen Sie:**
   a) ein abgehobener, Kristall-pendelnder, Mantra-summender New Age-Typ sein
   b) ein extra üppiges Sparmenü im Restaurant eingenommen haben
   c) einen geeigneten Weg für sich finden und ihm folgen
5. **Wie oft denken Sie über den Sinn Ihres Lebens nach?**
   a) Nie. Meine einzige Vision ist, Elvis im örtlichen Supermarkt zu treffen.
   b) Selten. Ich habe ein Recht auf meine Probleme und will unter ihnen leiden.
   c) So oft wie möglich. Es hilft mir, auf dem richtigen Weg zu bleiben.

Antworten:

Überwiegend a): Sie haben Ihr Zentrum bestenfalls gestreift. Etwas mehr Tiefgang würde Ihnen gut tun. Öffnen Sie Ihren Geist für die Möglichkeiten. Und vergessen Sie Ihre negative Haltung. Denken Sie daran: Sie sind, wovon Sie denken, dass Sie es sind.

Überwiegend b): siehe Überwiegend a)

Überwiegend c): Sie sind auf dem richtigen Weg zu einem ausgeglichenen Leben. Das bedeutet jedoch nicht, dass Sie immer einen klaren Plan für Ihr Vorgehen haben. Aber Sie sind so weit, dass Sie erkennen, dass es auf ständiges Lernen ankommt und nicht darauf, perfekt zu sein.

Jeden Tag stelle ich mir drei Fragen:

Bin ich loyal zu denen, in deren Namen ich handele?

Bin ich zuverlässig im Umgang mit meinen Freunden?

Nutze ich das, was mir gegeben ist?

Tseng Tzu

Sorge dich nicht darüber, dass andere dich nicht verstehen.
Sorge dich, dass du die anderen nicht verstehst.

Konfuzius

Stellen Sie sich vor

Schließen Sie Ihre Augen und atmen Sie tief durch. Denken Sie an etwas, das Ihnen wichtig ist und nicht mehr funktioniert. Wie würde Ihr Leben ohne es aussehen? Welches kleinen Schrittes bedarf es, darauf zu verzichten? Wie würde Ihr Leben dann sein?

Jedem Ding wohnt ein wenig Zauber inne. Und ein wenig Verlust, um die Dinge wieder auszugleichen.

Lou Reed

WEISHEIT

Unsere Weisheit und Orientierung basiert auf den korrekten Landkarten der Dinge, darauf, wie die Dinge wirklich sind, wie sie waren und sein werden.

Stephen R. Covey, Die sieben Wege zur Effektivität

Alle Menschen werden als Genies geboren, aber das Leben degeneriert sie.

Buckminster Fuller

Wenn du jung bist, weißt du nichts, aber du weißt nicht, dass du nichts weißt, also gehst du allerlei Risiken ein. Mit 20 oder 30 weißt du nichts, und du weißt, dass du nichts weißt – und das lähmt dich. Du gehst weniger Risiken ein. Ab 40 weißt du vieles, aber du weißt nicht, dass du es weißt. Also bist du etwas unentschlossen. Aber dann, über 50, wenn du aufgepasst hast, dann weißt du, worauf es ankommt, und du weißt, dass du es weißt.

Dann beginnen die wirklich guten Zeiten.

George Carlin

Weisheit ist keine Marotte.

Niemand wird nur davon
alt, dass er eine Reihe von
Jahren gelebt hat.
Wir werden alt, weil wir
unsere Ideale verlieren.
Die Jahre mögen Falten auf
der Haut hinterlassen,
aber den eigenen Enthusiasmus
aufzugeben, hinterlässt Spuren
auf der Seele.

Samuel Ullman

Wir sind gut beraten, wenn wir zu den Menschen, die wir einmal waren, ein freundlich-distanziertes Verhältnis pflegen, ob wir nun gern mit ihnen zusammen sind oder nicht. **Ansonsten tauchen sie unangemeldet mitten in der Nacht auf, klopfen an unsere Tür und wollen wissen, wer sie verlassen hat, wer sie verraten hat und wer das alles wieder gutmacht.**

Joan Didion

Wenn man etwas endlich begriffen hast, **ist man schon darüber hinweg.**

Ein
»fertiger«
Mensch
ist ein
langweiliger
Mensch.

Anna Quindlen

Zu viele Menschen wollen glücklich sein,
bevor sie weise geworden sind.

Susanne Curchod Necker

Kritik ist

nichts weiter

als eine andere Meinung.

Es ist durchaus möglich, zu viel im Leben zu haben. Zu viele Kleider dämpfen die Begeisterung für neue, zu viel Geld kann uns die Bodenhaftung nehmen, zu viel Freizeit kann die Seele abstumpfen lassen. **Wir müssen immer wieder zurückkommen und das Mark des Lebens kosten** und nicht nur seine Nichtigkeiten.

Joan Chittister

Nur derjenige ist weise, der auch gelebt hat.

Dorothy McCall

SCHICKSAL

Wir sind selbst verantwortlich für unsere Effektivität, unser Glück und vor allem für die meisten unserer Lebensumstände.

Steven R. Covey, Die sieben Wege zur Effektivität

Das Schicksal ist keine Frage der Chancen,
sondern der

Entscheidungen.

Die Zukunft ist die Zeit, in der wir uns wünschen, das getan zu haben, was wir jetzt nicht tun.

Eine der größten Freuden im Leben ist es, bei der Suche nach einer Sache eine völlig andere zu entdecken.

Anne Wilson Schaef

Wessen Träume sterben,

dessen Leben wird dem eines Vogels mit gebrochenen Flügeln gleichen.

Langston Hughes

Ich glaube, wenn alle Träume gestorben sind, hat man nur noch sich selbst.

Deshalb sollte man sich selbst wirklich gut leiden können.

Rita Mae Brown

Merken Sie sich die Lektion

und werfen Sie die schlechte Erfahrung weg.

Ein König ließ einst eine große Straße bauen und lud sein Volk ein, auszuprobieren, wer am besten darauf reisen könne. Gleich am ersten Tag beklagten sich die Leute beim König, dass große Berge von Steinen und Schutt auf der Straße das Fortkommen erschwerten. Nur ein einsamer Reisender, müde und staubig, übergab dem König einen Beutel Gold. Er habe ihn gefunden, als er einen Haufen Schutt beiseite räumte, erklärte er. Der König schenkte dem Mann das Gold mit den Worten: »Du hast dir dieses Gold verdient. Denn derjenige reist am besten auf einer Straße, der sie für die Nachfolgenden bequemer macht.«

unbekannt

Was wir suchen, finden wir nicht – das wäre zu einfach für eine so tollkühne und opulente Angelegenheit wie das Leben. Wir finden etwas ganz anderes.

Susan Glaspell

Wovor wir am meisten weglaufen wollen, darauf laufen wir am Ende zu und locken es an wie der zappelnde Körper die Haie.

Gregg Michael Levoy

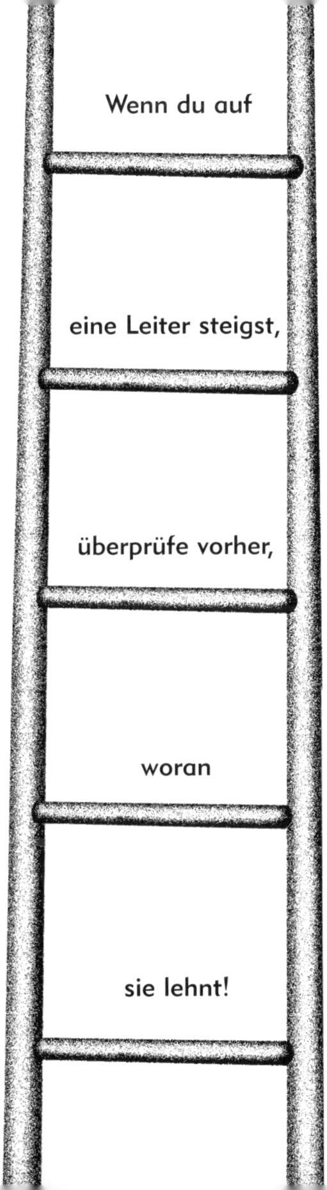

Wenn du auf

eine Leiter steigst,

überprüfe vorher,

woran

sie lehnt!

Wenn wir alle perfekt wären, hätte man keine automatische Rechtschreibprüfung erfinden müssen.

Bestätigung

Statt nach den Drehbüchern zu leben, die mir meine eigenen Eltern, die Gesellschaft, die Genetik oder meine Umwelt geschrieben haben, werde ich nach dem Manuskript leben, das ich aus meinem selbst gewählten Wertesystem heraus geschrieben habe.

Stephen R. Covey, Die sieben Wege zur Effektivität

Wohltaten für die Seele

Als wir ein Buch schreiben wollten, sagten wir uns, lasst uns einen Mega-Bestseller schreiben. Das Gehirn lässt sich programmieren. Und als wir schlafen gingen, sagten wir uns vor: »Titel für einen Mega-Bestseller, Titel für einen Mega-Bestseller«. Das taten wir circa 400-mal, denn wir brauchten den perfekten Titel. Und wir programmierten uns so, dass es um 4 Uhr früh passieren sollte. Jack war der Glücklichere von uns, er wachte auf, bekam vor Aufregung eine Gänsehaut und sagte: »Hühnersuppe für die Seele«! Dann rief er mich an, und wir hatten unseren Buchtitel. Wir gingen nach New York, um das Buch zu verkaufen. 32 Verleger befanden: »Das wird nichts, das ist zu verspielt.« Sechzig Millionen Bücher später denke ich, das könnte doch etwas werden.

Mark Victor Hansen und Jack Canfield

Die wichtigsten Worte, die wir jemals sagen, sind diejenigen, die wir zu uns und über uns sagen, wenn wir ganz allein mit uns sind.

Al Walker

Gebrauchsanweisung: Jeden Morgen eine Selbstbestätigung vor dem Spiegel. Wiederholen, soweit erforderlich. Täglich anwenden, um Symptome von negativer Grundhaltung und Zweifel zu kurieren.

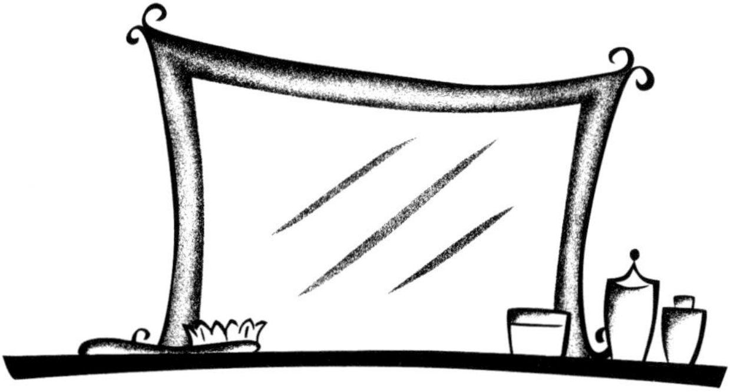

Heute lerne ich jemand Neues kennen.
Meine Welt ist voller neuer Erfahrungen.
Ich bin stark und gesund.
Ich bin erfolgreich.
Ich werde heute keinen Stress erleben.
Was auch kommt, ich werde damit fertig.
Heute helfe ich anderen.
Ich schaffe das.
Ich bin liebenswert.
Ich kann meine Ziele erreichen.
Ich bin frei und glücklich.
Ich werde geliebt.

Ich komme darüber hinweg. Es ist nur ein Hindernis auf meinem Weg.

Tägliche Selbstbestätigung ist ein wichtiger Schritt, sich immer wieder aufzubauen.

Wir alle haben unsere schlechten Tage und können nicht immer darauf hoffen, dass es andere Leute für uns richten. Natürlich kannst du zu jemandem sagen »Ich bin ein schlechter Mensch« und hoffen, dass er erwidert: »Nein, nein, das bist du nicht, du bist einer der nettesten, tiefgründigsten Menschen, die ich kenne.« Aber in neun von zehn Fällen wird er sagen: »Hmm, wirklich? Kannst du mir mal die Fritten rüberreichen?« Und es kann dir passieren, dass du noch nicht einmal Pommes isst, sondern Popcorn oder irgendetwas ganz anderes.

Ellen Degeneres

Sagen Sie Ihrem inneren Kritiker adé.

Und noch eine Erkenntnis für euch alle: **Die beste Medizin wirkt nicht, wenn ihr sie nicht einnehmt.** Und trotzdem führt ihr euch auf wie ein widerspenstiger Patient, der die Pillen unter der Zunge versteckt und hofft, dass die Oberschwester nichts merkt. Denkt mal in Ruhe über diesen psychologischen Pferdefuß nach.

Ben Stiller

Etwas Nettes über sich selbst
zu sagen ist für die meisten
Menschen die schwerste
Sache der Welt. Sie würden
sich eher nackt ausziehen.

Nancy Friday

Selbstachtung kann man nicht erzwingen.

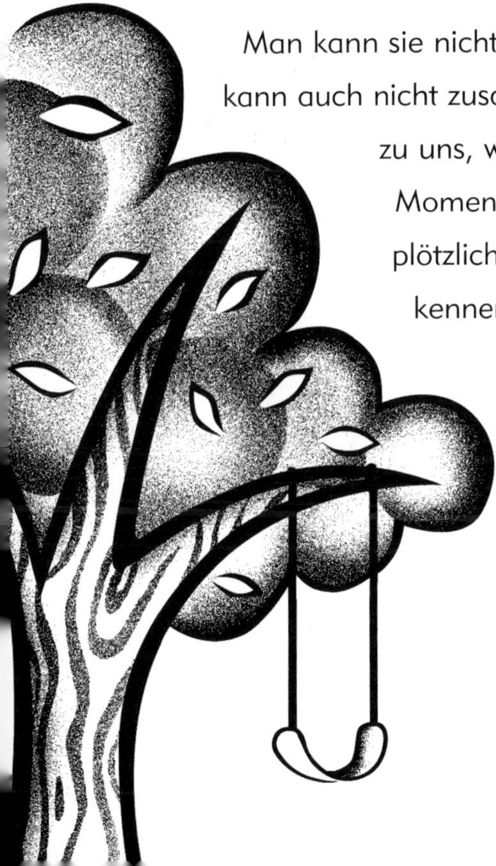

Man kann sie nicht kaufen. Sie ist nie im Angebot. Sie kann auch nicht zusammengestrickt werden. Sie kommt zu uns, wenn wir allein sind, in diesen stillen Momenten, an heimlichen Orten, wenn wir plötzlich gewahr werden, dass wir das Gute kennen und es getan haben, dass wir das Schöne kennen und ihm gedient haben, dass wir die Wahrheit kennen und sie ausgesprochen haben.

Whitney Griswold

Unsere schlimmste Angst ist nicht, dass wir den Anforderungen nicht genügen. Unsere schlimmste Angst ist, **dass wir grenzenlos stark sind.** Es ist das Licht, nicht die Dunkelheit, die uns das Fürchten lehrt. Da fragen wir uns, wer bin ich, dass ausgerechnet ich brillant, hinreißend, talentiert, fabelhaft sein soll – aber was spricht eigentlich dagegen?

Marianne Williamson

Über Franklin Covey

Franklin Covey ist die größte Gesellschaft für Zeitmanagement- und Persönlichkeitsentwicklung der Welt. Unser Service und unsere Produkte, die auf erprobten Prinzipien basieren, werden von mehr als 15 Millionen Menschen weltweit genutzt. Wir arbeiten mit einer Vielzahl von Kunden, sehr großen wie auch kleineren Unternehmen, Gemeinschaften und Organisationen. Sie kennen uns vielleicht durch unseren weltbekannten Franklin Planner oder eines unserer Bücher über die sieben Wege. Übrigens wurden mehr als 15 Millionen der Franklin Covey-Bücher weltweit verkauft – mehr als 1,5 Millionen pro Jahr. Aber vielleicht wissen Sie noch nicht, dass Franklin Covey auch Training für Unternehmensführung, Motivations-Workshops, persönliches Training, Audio- und Videoaufnahmen sowie das *Priorities Magazine* anbietet, um nur einige Tätigkeitsfelder zu nennen.

Sagen Sie uns Ihre Meinung

Wir würden gern Ihre Vorschläge oder Kommentare über *Vision* hören.

www.franklincovey.com/portable7

The Portable 7 Habits
Franklin Covey
MS0733-CK
220 West Parkway Boulevard
Salt Lake City, Utah 84119-2331
USA

www.franklincoveyeurope.com

Franklin Covey Europe
Grimsbury Manor
Grimsbury Green
Banbury
Oxfordshire OX16 3JQ
United Kingdom

Quellen

Nachdruck mit freundlicher Genehmigung von Cumberland Publishing House, Inc., aus *The Little Book of Big Ideas* von Harold A. McAlindon.

Literatur

Adrienne, Carol, *Erkenntnis und Zufall. Den Sinn des Lebens finden,* München 2001.

Adrienne, Carol, *The Purpose of Your Life Experiential Guide,* New York 1999.

Bragg, Terry, *Endlich mehr Selbstwertgefühl,* München 2001.

Canfield, Jack / Hanson, Mark Victor, *Hühnersuppe für die Seele,* München 1996.

Covey, Stephen R., *Die sieben Wege zur Effektivität. Ein Konzept zur Meisterung Ihres beruflichen und privaten Lebens,* Frankfurt/New York 2000.

Covey, Stephen R., *So leben Sie »Die sieben Wege zur Effektivität«. Das bewährte Covey-Erfolgskonzept in der Praxis*, Frankfurt/New York 2000.

Day, Laura, *Praktische Intuition (PI). Der sechste Sinn in Liebe, Partnerschaft und Beruf,* München 2000.

Fritz, Robert, *Den Weg des geringsten Widerstands managen. Energie, Spannung und Kreativität in Unternehmen*, Stuttgart 2000.

Gawain, Shakti, *The Path of Transformation*, Novato, Ca. 1993.

Kabat-Zinn, *Jon, Im Alltag Ruhe finden. Das umfassende praktische Meditationsprogramm*, Freiburg 2001.

Levey, Joel / Levey, Michelle, *Living in Balance*, Berkeley, Ca. 1998.

Levoy, Greg Michael, *Callings: Finding and Following an Authentic Life*, New York 1997.

McAlindon, Harold R., *The Little Book of Big Ideas*, Nashville, Ten. 1999.

Nhat Hanh, Thich, *Das Wunder der Achtsamkeit. Einführung in die Meditation*, Berlin 2001.

Patterson, Ella, *1001 Reasons to Think Positive*, New York 1997.

Peck, M. Scott , *Der wunderbare Weg*, München 1997.

Redfield, James, *Die Prophezeiungen von Celestine*, München 2001.

Schaef, Anne Wilson, *Nimm dir Zeit für dich selbst. Tägliche Meditationen für Frauen, die zuviel arbeiten*, München 1992.

Vanzant, Iyanla, *Und meine Seele öffnet sich*, Berlin 2001.

Warner, Judith S., *From Chaos to Center*, New York 1999.

Witting, Chris J. Jr., *21 Day Countdown to Success*, Franklin Lakes, NJ. 1998.

Freiheit

Die ***Begleiter auf den 7 Wegen zur Effektivität*** stellen die Grundgedanken des bewährten Covey-Erfolgskonzeptes zu Zeit- und Lebensmanagement in einer neuen, innovativen Form vor: Die sorgfältig ausgewählte Sammlung provokativer Fragen, witziger Aphorismen und inspirierender Anekdoten regt dazu an, über das eigene Verhalten nachzudenken, Gewohnheiten infrage zu stellen und das eigene Leben pro-aktiv zu gestalten.

Die kleine Covey-Bibliothek

Begleiter auf den 7 Wegen zur Effektivität

Freiheit

Weg 1:

Pro-aktiv sein

Aus dem Englischen von Wolfgang Ehle

FranklinCovey

Campus Verlag
Frankfurt/New York

Die amerikanische Originalausgabe erschien erstmals 1999 unter dem Titel
»The Portable 7 Habits™. Choice: Choosing the Proactive Life You Want to Live«
bei Franklin Covey Co.

Aus dem Englischen von Wolfgang Ehle

Die Deutsche Bibliothek – CIP-Einheitsaufnahme

Ein Titeldatensatz für diese Publikation ist bei
Der Deutschen Bibliothek erhältlich.
ISBN 3-593-37079-4

Umschlaggestaltung: Guido Klütsch, Köln
Satz: WHE Marketing Beratung, Neu-Isenburg
Illustration: Tammy Smith
Druck und Bindung: Druckhaus Beltz, Hemsbach
Gedruckt auf säurefreiem und chlorfrei gebleichtem Papier.
Printed in Germany

Inhalt

Das Leben ist ein Roman, und Sie sind der Autor. Sie bestimmen seine Handlung und sein Tempo, und Sie – nur Sie – blättern die Seiten um.

Beth Mende Conny

Einführung

Ihr Leben geschieht nicht einfach »um Sie herum«. Ob Sie sich dessen bewusst sind oder nicht, es wird immer nachhaltig von Ihnen gestaltet – oder auch nachlässig. Immer treffen Sie allein eine freie Entscheidung. Sie entscheiden sich für Glück. Sie entscheiden sich für Traurigkeit. Sie entscheiden sich für Entschlossenheit. Sie entscheiden sich für Zweifel. Sie entscheiden sich für Erfolg. Sie entscheiden sich für Versagen. Sie entscheiden sich für Mut. Sie entscheiden sich für Angst. Denken Sie immer daran, dass in jedem Moment, in jeder Situation die Entscheidung bei Ihnen liegt. Wenn Sie das tun, haben Sie immer die Möglichkeit, durch Ihr entschiedenes Handeln positive Ergebnisse zu erzielen.

In diesem Band der Reihe *Begleiter auf den 7 Wegen zur Effektivität* haben wir ein bewährtes Prinzip des Konzeptes der *Sieben Wege zur Effektivität* von Stephen R. Covey vereinfacht dargestellt, damit sie in Ihr aktives Leben passen. (Sollten Sie allerdings das Originalbuch noch nicht gelesen haben, dann laden wir Sie ein, dies zu tun.)

In diesem Buch gibt es keine Anweisungen, denen man folgen muss. Keine Instruktionen. Keine Vorschriften. Und keine Formeln für den Erfolg. Stattdessen finden Sie eine Sammlung von anregenden Fragen, inspirierenden Zitaten und lehrreichen Anekdoten, die Ihnen helfen können, mit den Herausforderungen des täglichen Lebens zurechtzukommen. Und die Ihnen helfen, tagtäglich Ihre Freiheit der Entscheidung zu nutzen.

Wenn Sie jetzt umblättern, lesen Sie nicht nur mit dem Verstand – lesen Sie auch mit Ihrem Geist, mit Ihrer Seele! Denken Sie über das Gelesene nach. Erwägen Sie, ob und wie es Veränderungen in Ihr Leben bringen kann. Lassen Sie sich von den Weisheiten anregen, die Initiative zu ergreifen. Lernen Sie, wachsen Sie, und entwickeln Sie neue Möglichkeiten. Geben Sie sich selbst Kraft. Übernehmen Sie Verantwortung. Beeinflussen Sie Ihre Lebensumstände, anstatt sie nur willenlos hinzunehmen. Gestalten Sie Ihre Zukunft, statt von ihr bestimmt zu werden. Wählen Sie die Kontrolle, statt kontrolliert zu werden. Seien Sie der Autor Ihres Lebensstückes, anstatt irgendjemandem zu erlauben, es für Sie zu schreiben.

Machen Sie es sich zur Gewohnheit,

pro-aktiv zu sein.

Weg 1:
Pro-aktiv sein

Übernehmen Sie selbst die Verantwortung für Ihr Leben

AUTHENTIZITÄT

Bevor wir uns nicht selbst erkennen und uns bewusst wird, was uns von anderen und der Umwelt unterscheidet, ehe wir nicht in der Lage sind, uns distanziert von uns selbst zu betrachten und unsere eigenen Vorlieben, Gedanken und Wünsche zu beobachten – bevor wir dies nicht erreicht haben, haben wir keine Basis, von der aus wir andere Menschen erkennen und respektieren können, geschweige denn uns selbst zu ändern.

Stephen R. Covey, The 7 Habits of Highly Effective Families

Zeigen Sie sich der Welt,
wie Sie sind, nicht wie Sie sein möchten –
denn früher oder später werden Sie Ihre Maske
einmal vergessen.
Und was bleibt dann?

Fanny Brice

Wann immer ich Menschen treffe oder eine neue Beziehung beginne, erlege ich mir all diese Zwänge auf:

Ich unterdrücke meine Gefühle.
Ich gebe nicht mehr meinen eigenen
Wünschen und Bedürfnissen nach.
Ich verdränge meine Vergangenheit.
Ich tue nicht das, was ich möchte,
ich unterdrücke meine Bedürfnisse
und sage nicht, was ich sagen will.
Ich verwandele mich in diesen
unterdrückten, perfektionistischen
Roboter, anstatt das zu sein,
was ich bin: **ICH!**

unbekannt

Erlauben Sie sich zu sein, was Sie sind.

Und zwar unabhängig davon, ob diese Person den banalsten Verlockungen des Shoppings erliegt, einen i-Punkt gern in Form eines Herzchens malt oder ihr Leben lang davon träumt, Schadensregulierer bei einer Versicherung zu sein...

Alles lief so wunderbar. Sie fand nichts an mir auszusetzen. Und nun hat sie die andere Seite gesehen.

Was für eine Seite?

Eine schlechte, eine hässliche Seite.

Ja und?

Wie? Ja und? Ich hatte nicht vor, ihr diese Seite in den nächsten sechs Monaten zu offenbaren. Jetzt ist meine ganze Beziehungsstrategie zum Teufel.

Jerry und George in »Seinfeld«

Folgen Sie Ihrem Herzen.

Jeder andere Weg erfüllt nur den Traum eines anderen.

Erinnern Sie sich noch daran, als Sie das erste Mal für eine Sache eingetreten sind, an die Sie geglaubt haben – obwohl Sie damit ganz alleine waren?

Wann war das?

Was passierte?

Bevor wir uns um andere kümmern können, müssen wir lernen,

uns selbst zu lieben.

Das ist wichtig: Ohne Selbstliebe sind wir wie ein leeres Gefäß, das andauernd von anderen gefüllt werden will. Selbst wenn wir Gutes tun, ist unser geheimer Antrieb, mehr zu bekommen als zu geben: »Sieh nur, wie gut ich bin, denk Gutes von mir, bitte liebe mich!« Dennoch wird das Gefäß nie voll. Denn es hat ein Loch im Boden. Eine gesunde Selbsteinschätzung stopft dieses Loch und (er-)füllt uns von innen.

Drew Leder

Wenn ein Kind dich für eine lange, lange Zeit lieb hat – dich WIRKLICH liebt, dann wirst auch du wirklich. Normalerweise hast du zu diesem Zeitpunkt allerdings schon die meisten Haare verloren, die Augen hängen heraus, die Gelenke sind ausgeleiert, und dein gesamtes Erscheinungsbild ist eher schäbig.

Aber das alles hat überhaupt keine Bedeutung, denn wenn du einmal wirklich bist, kannst du nicht hässlich sein – außer für Menschen, die nichts davon verstehen.

Margery Williams

Weißt du deine Einmaligkeit zu schätzen? Unterscheidest du dich von den anderen in der Menge? Frag einmal andere, von denen du weißt, dass sie dich kennen, was sie an dir einmalig finden. Sprich mit Arbeitskollegen und mit Menschen aus deinem Freundeskreis.

Finde heraus, was dich für andere **einmalig** macht!

Frank Lloyd Wright sagte einmal:
»Wenn Architektur das ist, was ich mir darunter vorstelle, dann gab es nie einen anderen Architekten.«

Was sind Sie?

Welche Vorstellungen haben Sie?

Was wir verdrängen, kommt wieder.

Die Wahrheit findet uns, wo immer wir uns verstecken. Wer seine innere Stimme ignoriert und der Wahrheit ausweicht, der lädt sie nur ein, sich an anderer Stelle wieder bemerkbar zu machen, und zwar in den negativsten Erscheinungsformen wie Depression, Zwangshandlungen oder einfach nur Unzufriedenheit. Je eher wir uns unserer inneren Wahrheit öffnen, umso schneller werden wir vorankommen. Das Leben verläuft viel glatter, wenn wir auf unsere innere Stimme achten!

Wenn du
nicht du selbst
sein kannst –
wer kannst du dann sein?

**Und überhaupt:
Warum solltest du
jemand anders
sein wollen?**

Wir glauben so lange nicht an uns selbst, bis uns jemand sagt, dass tief in uns etwas Wertvolles ist, auf das es sich zu hören lohnt, das unseres Vertrauens würdig ist, etwas Heiliges. Wenn wir an uns glauben, lassen wir uns ein auf Neugier, Erstaunen, spontane Freude und jede andere Erfahrung des **menschlichen Geistes**.

E.E. Cummings

Veränderung

Pro-aktive Menschen richten ihre Anstrengungen auf ihren Wirkungskreis aus. Sie arbeiten an Dingen, an denen sie etwas bewirken können. Sie haben eine positive Energie, die wächst und die gerade dadurch ihren Wirkungskreis vergrößert.

Stephen R. Covey, Die sieben Wege zur Effektivität

Existieren bedeutet sich verändern,

Veränderung bedeutet Reifung, Reifung ist ein endloser Prozess der Selbsterschaffung.

Henri Bergson

Wann haben Sie zuletzt etwas Neues gelernt?

Steuern Sie Ihr Leben aus Ihrem

Vorstellungsvermögen

– nicht aus Ihrer Vergangenheit.

Stephen R. Covey

Pack dir etwas Leckeres zu essen ein,

erfreue dich an der Reise

und höre auf zu fragen,

wann du endlich da sein wirst.

Du wirst wissen, wann du angekommen bist.

Wenn ein Mensch sein Leben in einem bestimmten Bereich ändert, wird er vielleicht zuerst anders über diesen Bereich sprechen, sich anders verhalten, seine Einstellungen dazu ändern, oder er wird eine Entscheidung revidieren, die diesen Bereich betrifft.

Konzentriere

dich auf die Dinge,
die vor dir liegen,
nicht auf die, die du hinter dir lässt.

Alan Cohen

Es gibt kein Problem, das nicht auch ein Geschenk für dich mitbrächte.

Du löst Probleme, indem du nach ihren Gaben suchst.

Richard Bach

Wandel schafft Gelegenheiten,

wenn er vom Menschen geplant ist, wenn man dafür bereit ist und wenn man genau auf die Situation vorbereitet ist, wenn sie eintritt.

Rosabeth Moss Kanter

Haben Sie Ihren persönlichen positiven Wortschatz?

Manchmal kann das richtige Wort die Dinge einfacher machen.
Versuchen Sie es. Sagen Sie »Ich nehme die Herausforderung an!« anstatt »Ich habe da ein Problem«.

Freiheit

Der erste Weg handelt vom größten Geschenk, das dem Menschen gegeben ist: von der Entscheidungsfreiheit. Was gibt es Größeres außer dem Leben selbst? Die Wahrheit ist, dass die grundlegenden Lösungen unserer Probleme in uns selbst liegen. Wir können der Natur der Dinge nicht entgehen. Ob wir es mögen oder nicht, wahrhaben oder abstreiten, die Prinzipien und das Bewusstsein sind in uns.

Stephen R. Covey, The 7 Habits of Highly Effective Families

Welches sind die Entscheidungen Ihres Lebens?

Alle Menschen werden geboren, leben, leiden und sterben. Was sie voneinander unterscheidet, sind ihre Träume; ob diese Träume von diesseitigen oder jenseitigen Dingen handeln und was sie tun, um sie Wirklichkeit werden zu lassen. Wir werden ungefragt geboren, wir können unsere Eltern nicht aussuchen. Auch nicht die Epoche unserer Lebensspanne, das Heimatland und die unmittelbaren Umstände unseres Heranwachsens. Auch können wir den Zeitpunkt unseres Sterbens in aller Regel nicht vorherbestimmen, ebenso wenig die Bedingungen, unter denen wir abtreten. Aber zwischen all diesen unveränderlichen Marksteinen **haben wir die Freiheit zu entscheiden, WIE WIR LEBEN.**

Joseph Epstein

Werden Sie ein CEL.

(**C**hef-**E**ntscheider für Ihr eigenes **L**eben!)

Wenn Sie nicht die Kontrolle über Ihr Leben übernehmen, beklagen Sie sich nicht, wenn andere es kontrollieren.

Beth Mende Conny

Jeder Entscheidung folgt eine Phase des Friedens.
Selbst wenn es eine falsche war.

Rita Mae Brown

Der Mensch hat immer mehr Möglichkeiten, als er denkt.

Leider verwenden die meisten Menschen mehr Zeit auf die Planung ihres Urlaubs, als auf das, was sie in ihrem Leben erreichen wollen.

Bob McDonald

Der Samurai

In Japan erzählt man sich die Geschichte von einem Samurai, der vor einem Bären flieht. Er rennt einen steilen Hang hinunter, stolpert, greift nach einem Ast und sieht, wie der Bär über ihm mit der Tatze nach seinem Kopf schlägt. Es fehlen nur wenige Zentimeter. Als er nach unten schaut, sieht er einen Löwen aus fünf Metern Tiefe nach ihm springen. Auch er verfehlt sein Opfer nur um Zentimeter. Als der Samurai den Ast anschaut, an dem er hängt, sieht er zwei Murmeltiere an ihm nagen. Er sieht sein Leben Biss für Biss zu Ende gehen und macht einen tiefen Atemzug. Dabei entdeckt er einen Erdbeerstrauch mit prallen, reifen Früchten. Mit der freien Hand reicht er hinüber, zupft eine Beere ab, steckt sie in den Mund, kaut langsam und genüsslich und sagt schließlich: »Wie köstlich.«

Thomas F. Crum

Könnten Sie den Genuss einer köstlichen Frucht als Glück erleben, während ein wilder Löwe nach Ihren Fersen springt?

Warte nicht auf die
passenden Umstände.
Sie werden
niemals eintreten.

Janet Erskine Stuart

Entscheide dich jeden Moment, jeden Tag von Neuem.

Entscheide dich für das Richtige, für das Schwierige – nicht für das Bekannte, Einfache. Wähle den Weg des Kriegers und nicht den des Feiglings. Triff deine Wahl aus Liebe und nicht aus Furcht. Höre auf dein Herz. Entscheide dich für das volle Leben, überlass das Schlafwandeln anderen. Entscheide dich für deine eigenen Gefühle und nicht für diejenigen, die andere von dir erwarten. Ziehe das Mineralwasser dem Leitungswasser vor, genieße den Salat statt des Festtagsbratens, ziehe den Spaziergang im Park einer Fahrt zum Einkaufszentrum vor. Entscheide dich für das Einfache anstelle der Extravaganz. Ziehe das Gespräch dem Fernsehkonsum vor. Nenne die Dinge beim Namen, anstatt sie über Nacht in dich hineinzufressen. Lasse dich leiten von Mitgefühl und Großzügigkeit. Zeige ein Lächeln statt eines Stirnrunzelns. Triff deine eigenen Entscheidungen, wenn die Zeit dafür reif ist, und entscheide dich, ihnen treu zu bleiben.

Rachel Snyder

Wenn wir sterben und in den Himmel kommen, wird der Schöpfer uns nicht fragen: »Warum hast du gegen dieses und jenes nichts unternommen?«

Die einzige Frage, die uns gestellt wird, heißt:

»Warum hast du nicht zu dir selbst gefunden?«

Elie Wiesel

Mut

Pro-aktive Menschen werden natürlich auch von äußeren Dingen angeregt, seien sie nun physikalischer, sozialer oder psychologischer Natur. Aber ihre Reaktion auf diese Anregungen – bewusst oder unbewusst – ist eine wertorientierte Entscheidung oder Antwort. Wie Eleanor Roosevelt beobachtet hat, »kann dich niemand ohne deine Zustimmung verletzen«. Oder wie es Gandhi ausdrückte: »Sie können uns die Selbstachtung nicht nehmen, wenn wir sie ihnen nicht geben.« Es ist unsere Erlaubnis, unsere Zustimmung zu dem, was mit uns geschieht, die uns mehr verletzt als das eigentliche Geschehen.

Stephen R. Covey, Die sieben Wege zur Effektivität

Während du die Angst vor dem Versagen bekämpfst, macht ein anderer den Job.

Holly Stiel

Ella Fitzgerald träumte von einer Laufbahn als Ärztin, bevor sie von der Amateur Night im berühmten Apollo Theatre in Harlem hörte. Sie entschloss sich, teilzunehmen und übte für einen Tanzauftritt. Als sie auf der Bühne stand, waren ihre Beine vor Aufregung stocksteif. Die Zuschauer lachten über ihre ungelenken Bewegungen, die denen eines geblendeten Kaninchens am Straßenrand glichen. Um das Publikum davon abzulenken, begann sie zu singen, was sie aus der Plattensammlung ihrer Mutter kannte. Plötzlich war das Publikum still und vollkommen überwältigt von ihrem Talent. Ein Preisgeld von 25 Dollar war der Beginn der fantastischen Karriere dieser Sängerin.

Riskiere etwas!

Riskiere alles!

Kümmere dich nicht um die Meinungen und Stimmen anderer. Nimm die denkbar schwerste Herausforderung an. Handle verantwortlich für dich selbst. Sieh der Wahrheit ins Gesicht.

Katherine Mansfield

Schlafwandeln Sie durch Ihr Leben?

Sei nicht frustriert von deiner mangelnden Erfahrung.
Alle grünen Dinge wachsen und blühen schließlich,
wenn sie nur genug gepflegt werden.

Wenn du eine Kröte schlucken musst, schau sie vorher nicht zu lange an.

Connie Hilliard

Jeder Ausgang
ist zugleich der Eingang
zu etwas anderem.

Tom Stoppard

Was kann Ihnen im schlimmsten Fall passieren, wenn Sie Ihrer Angst gegenübertreten?

Zunächst einmal: Im besten Fall besiegen Sie die Angst. Dann könnten Sie etwas schaffen, das Sie nie zu schaffen geglaubt haben. Sie könnten glücklich und erfolgreich werden. Und es könnte Ihnen gefallen. Stellen Sie sich vor, wie gut Sie sich fühlen würden ohne diese Bürde! Wie stark und tatkräftig. Warum sollte Sie die Antwort auf die erste Frage von all dem abhalten?

Es erfordert Mut,

den eigenen Schmerz anzunehmen

und sich selbst mit Mitgefühl zu begegnen.

Aber es ist eine der wichtigsten Gewohnheiten,

die man jemals lernen kann.

Susan Santucci

Was könnte Sie aus Ihrer

Kuschelecke

scheuchen?

Mutig geworden?

KREATIVITÄT

Die Entscheidungsfreiheit bringt uns einige der Segnungen, die unser einzigartiges Menschsein ausmachen. Neben dem Bewusstsein über uns selbst verfügen wir auch über Vorstellungsvermögen – das ist die Fähigkeit, in unseren Köpfen Dinge jenseits der bestehenden Realität zu erschaffen. Wir haben ein Gewissen – ein tief verankertes Wissen über Gut und Schlecht, über die Prinzipien, die unser Verhalten steuern, und ein Gefühl dafür, wie weit unser Denken und Handeln damit im Einklang steht. Und wir haben die Freiheit des Willens – also die Fähigkeit, mit unserem Bewusstsein frei von allen anderen Einflüssen zu entscheiden.

Stephen R. Covey, Die sieben Wege zur Effektivität

Ich male immer nur meine eigene Realität.

Frida Kahlo

Bringen Sie Ihre Kreativität auf Touren.
Bestimmen Sie Ihre eigenen Regeln
und Ihre eigene Realität.
Folgen Sie Ihren Visionen.

Verweigern Sie sich den Konventionen.

Lassen Sie den kreativen Hund in sich frei –
er bellt schon und will hinaus.

Ich möchte kein Leben nach einem künstlichen Vorbild.

Ich möchte ein Leben, das ein Kunstwerk ist.

Carrie Fisher

Wenn Sie ein neues Talent entwickeln könnten,
welches wäre es?

Die Mode des 20. Jahrhunderts begann mit Coco Chanel. Sie war für die Mode das, was Henry Ford für die Automobilindustrie war, Pablo Picasso für die Malerei, Igor Strawinsky für die Musik, Virginia Woolf für die Literatur: Sie rebellierte gegen althergebrachte Regeln und Schemata und schuf damit einen neuen Stil, den andere Modeschöpfer in der einen oder anderen Form übernahmen, ohne dabei ihre eigene Einmaligkeit einzubüßen. Chanels Beziehung zur Mode spiegelte ihre Vision vom Leben wider: »Ich bin in meinem Leben immer davon ausgegangen, dass etwas, was ich nicht mochte, immer auch eine Kehrseite hat, die mir gefallen würde. Mode ist nicht nur eine Frage der Kleidung. Mode ist die Luft, aus der der Wind geboren wird. Man fühlt das. Es liegt in der Luft und auf der Straße.«

Was könnte in der Zukunft sein?

Starten Sie hier.

Wer sagt,

dass man nicht

über den Rand

des Tellers

hinausschauen

kann?

Wann immer wir glauben,

das Problem sei **»da draußen«**,

ist dieser Gedanke das Problem.

Stephen R. Covey

Ein Bild malen?

Einen Plan entwickeln?

Was wollen Sie

Heiraten?

Einen Pullover stricken?

Ein Musikinstrument spielen?

Etwas entdecken?

Einen Garten gestalten?

Glauben?

wirklich?

Einen Kuchen backen?

Neue Freunde finden?

Sich verabreden?

Umziehen?

Ein Geschäft gründen?

Wie wäre es, wenn wir unser Leben so lebten, als sei es ein Kunstwerk im Prozess seines Entstehens?

Wenn jeder Atemzug und jede Handlung Teile
eines werdenden Kunstwerks wären?
Wenn wir die Schatten und die lichten Bereiche
als Teil der Gesamtkomposition begriffen?
Und sie so akzeptierten?
Und Freude an ihrer Schönheit empfänden?

ZIELSTREBIGKEIT

Wir können etwas versprechen – und es halten. Oder wir können uns ein Ziel setzen – und arbeiten, um es zu erreichen. Wenn wir Verpflichtungen eingehen und einhalten, selbst kleine Verpflichtungen, dann entwickeln wir eine innere Integrität, die uns die Aufmerksamkeit, Kraft und Selbstbeherrschung schenkt, mit der wir größere Verantwortung für unser eigenes Leben übernehmen können.

Stephen R. Covey, The 7 Habits of Highly Effective Families

Ich muss daran denken,
der Kritiker-Runde,
die in meinem Kopf tagt,
einfach den

Mund
zu
verbieten.

Kathy Kendall

Wenn man ein Samenkorn ausgesät hat, wühlt man nicht dauernd den Boden auf, um zu sehen, wie sich die Wurzeln entwickeln. Mit Geduld und Entschlossenheit werden die Träume Früchte tragen.

Wenn Sie nicht
mittendurch
kommen, um etwas
zu erreichen,
dann gehen Sie
**außen
herum.**

Ich habe viele »Möchtegerne« getroffen.
Neben dem »Möchtegern« gibt es für mich noch den »Machegern«. Ersterer ist immer überzeugt, dass andere an seinen Problemen schuld seien, Letzterer verhält sich anders. Er sagt:

»Was?

Hier ist keine Tür?
Dann baue ich eben eine!«

K. Callan

Finde heraus, was du liebst.
Tue es, weil du es liebst.
Bleibe dabei.
Fang heute damit an.

Barbara Sher

Strebe hoch

hinaus, denn die
Sterne liegen tief in deiner
Seele versteckt.

Träume tief,

denn jedem Ziel geht
ein Traum voraus.

Pamela Vaull Starr

Haben Sie jemals versucht, eine Ameise von ihrem Weg abzubringen? Es ist praktisch unmöglich. Sie gibt nicht auf. Probieren Sie es einmal. Stellen Sie sich vor, Sie sind fünf Jahre alt und bauen einen kleinen Hügel mitten auf die Ameisenstraße. Die Ameisen werden ohne zu zögern den Hügel hinauf laufen und auf der anderen Seite wieder hinunter. Das Gleiche passiert bei einem Loch, einem Baumstamm oder einem beliebigen anderen Hindernis. Im schlimmsten Fall laufen sie außen herum – aber niemals zurück.

Übertragen Sie diese Hartnäckigkeit in Ihr tägliches Leben. Natürlich werden Sie auch weiterhin Ihr Gehirn benutzen. Aber wenn es um Zielstrebigkeit geht, seien Sie wie eine Ameise. Lassen Sie sich nicht aufhalten. Streben Sie weiter und lernen Sie dabei. Wer geduldig und hartnäckig ist, wird seine Träume schließlich auch verwirklichen.

Wenn Sie nicht selbst
für sich entscheiden,
wer
tut es dann?

Lebensqualität wird nicht dadurch bestimmt,
was wir erleben. Sondern dadurch,
wie wir dem Leben begegnen.

INITIATIVE

Wenn Sie sich mit den anderen sechs Wegen befassen, werden Sie erkennen, dass jeder die Entwicklung von pro-aktiven Muskeln erfordert. Jeder fordert Ihr verantwortliches Handeln. Wenn Sie warten, bis etwas geschieht, werden Sie zum Objekt der Handlung. Und Chancen und Entwicklungen werden an Ihnen vorbeigehen.

Stephen R. Covey, Die sieben Wege zur Effektivität

Wenn Sie noch niemals verängstigt, wütend oder verletzt waren, bedeutet das, dass Sie noch nie etwas riskiert haben.

Julia Sorel

Das Leben ist wie eine Fahrt in der Achterbahn. Alle sind angeschnallt, und keiner kann aussteigen. Mit dem ersten Klaps von der Hebamme ist das Ticket gelöst, und der Trip beginnt. Bei der rasanten Fahrt durch Kindheit, Jugend, Reife und Alter wirft man manchmal die Arme in die Luft und schreit, und manchmal hängt man vorn über der Querstange. Aber es geht nur um die Fahrt. Und ich glaube, man kann von Glück sagen, wenn am Ende lediglich die Frisur gelitten hat, man etwas außer Atem ist und sich nicht übergeben musste.

Jerry Seinfeld

Es ist kein Unglück, mit unerfüllten Träumen zu sterben, aber es ist ein Unglück, ohne Träume zu leben. Es ist keine Schande, die Sterne nicht erreicht zu haben,

**aber es ist eine Schande,
wenn man keine
Sterne hat,
nach denen
man greifen
möchte.**

Benjamin Mays

Eine

schlechte Angewohnheit mag eine kurzfristige Befriedigung geben. Aber am Ende bringt sie mehr Verdruss, als sie wert ist.

Von welcher schlechten Angewohnheit möchten Sie sich ein für alle Mal trennen?

Meine Eltern haben mir immer gesagt,
dass ich **alles** schaffen kann.
Aber sie haben mir nicht gesagt,
wie lange es dauert.

Rita Rudner

Neugier ist der Katze Tod.

Aber sie half auch Stephen Hawking, eine neue Theorie über den Anfang und das Schicksal des Universums zu formulieren.

Sie half Bill Gates beim Aufbau eines Software-Imperiums.

Sie half Maria Montessori, die Kindererziehung zu revolutionieren.

Sie half Jacques Cousteau, den Tauchsport für jedermann zugänglich zu machen.

Sie half Martha Graham, die Welt des Tanzes in ein neues Jahrhundert zu katapultieren.

Auf was sind Sie neugierig?

Du hast drei Dinge unter Kontrolle:

- was du denkst,
- was du sagst, und
- wie du dich benimmst.

Um dein Leben zu ändern, musst du diese Gaben als die stärksten Werkzeuge zur Formung deines Lebens erkennen.

Sonya Friedman

Wenn du **gar nichts riskierst,** dann **riskierst du alles.**

Geena Davis

Was würden Sie tun, wenn Sie **könnten?**

Was könnten Sie tun, wenn Sie **wollten?**

INTEGRITÄT

Jeder von uns kennt jemanden in schwierigen Umständen, möglicherweise unheilbar krank oder mit einer schweren körperlichen Behinderung, der dennoch ein wunderbar ausgeglichener Mensch ist. Wie sehr uns ein solcher Mensch inspiriert! Nichts vermittelt einen größeren, andauernden Eindruck als das Erlebnis, dass jemand sein Leiden und seine Lebensumstände gemeistert hat. Dies verkörpert und drückt einen Wert aus, der das Leben inspiriert, veredelt und erhaben macht.

Stephen R. Covey, Die sieben Wege zur Effektivität

Wenn es in Ihrer Verantwortung läge, was würden Sie ändern?

Menschen sind unvernünftig, unlogisch und egozentrisch. Liebe sie trotzdem. Wenn du Gutes tust, werden sie dir eigennützige, hintergründige Motive vorwerfen. Tue es trotzdem. Wenn du erfolgreich bist, gewinnst du falsche Freunde und echte Feinde. Strebe dennoch nach Erfolg. Das Gute, das du heute vollbringst, ist morgen vergessen. Tue es dennoch. Ehrlichkeit und Geradlinigkeit machen dich angreifbar. Bleibe ehrlich. Der größte Mensch mit den größten Ideen kann von einem kleinen, wenig intelligenten Individuum ermordet werden. Denke trotzdem Großes. Was du in Jahren aufgebaut hast, kann in Minuten vernichtet sein. Baue trotzdem. Menschen, die wirklich Hilfe brauchen, können dich angreifen, wenn du ihnen hilfst. Hilf ihnen dennoch. Gib der Welt das Beste, was du geben kannst – sie wird sich möglicherweise mit Fußtritten bei dir bedanken.

Gib trotz allem das Beste,
was du zu geben vermagst.

unbekannt

Die Menschen sind wie farbige Glasfenster.

Sie leuchten und glitzern, wenn die Sonne scheint, aber ihre wahre Schönheit wird erst im Dunkeln sichtbar, wenn sie von innen leuchten!

Elisabeth Kübler-Ross

Achte meine Worte:
Worte formen mein Verhalten.
Achte mein Verhalten:
Mein Verhalten formt meine Gewohnheiten.
Achte meine Gewohnheiten:
Meine Gewohnheiten formen meine Werte.
Achte meine Werte:
Werte formen mein Schicksal.

Es gibt keine Generalprobe:

Dies ist ein Tag deines Lebens.

Mohandas K. Gandhi

Der Verstand zeigt dir
Tausende von Arten,
Nein zu sagen.
Aber es gibt nur eine Art,
Ja zu sagen –
aus dem Herzen.

Suze Orman

Vertrauen

ist die höchste Form menschlicher Motivation.

Stephen R. Covey

Integrität ist keine 90- oder 95-Prozent-Angelegenheit!

Entweder du hast sie, oder du hast sie nicht.

Peter Scotese

KOMM, mach mit.

Der Test kommt später.

Die Speichen halten ein Rad zusammen,
aber erst das Loch in der Mitte lässt es sich drehen.
Wir formen ein Gefäß aus Lehm,
aber der Hohlraum in seinem Inneren birgt
das Wasser, das wir brauchen.
Aus Balken bauen wir ein Haus, aber den Raum
zum Leben finden wir im Inneren.
Wir arbeiten mit dem Seienden,
aber was wir brauchen, ist das Nicht-Seiende.

Laotse

Verantwortung

Wir sind verantwortlich für unsere eigene Effektivität, für unser eigenes Glück und schließlich auch – so meine ich – für die meisten unserer Lebensumstände. Das Wissen, dass wir Verantwortung tragen, also selbst Antworten geben müssen, ist fundamental für unsere Effektivität.

Stephen R. Covey, Die sieben Wege zur Effektivität

Wenn ich am Ende meines Lebens vor Gott stehe, hoffe ich, dass von allen meinen Gaben nichts mehr übrig geblieben ist und ich ihm sagen kann: »Ich habe alles genutzt, was Du mir mitgegeben hast.«

Erma Bombeck

Können Sie Ihren Worten folgen?

Zugegeben, die Hoffnung nicht zu verlieren und sich nicht unterkriegen zu lassen, reicht nicht immer für einen Sieg. Dennoch: Nicht zu früh aufzugeben ist eine der sichersten Methoden, die Geschicke deutlich zu Ihren Gunsten zu beeinflussen.

Eine Kette von aufregenden, flüchtigen und beliebigen Vergnügungen bedeutet noch kein Glück. Glück liegt in der Reflexion und der Urteilsfähigkeit, wenn das Bild eines Lebens, so wie es wirklich war oder ist, den Willen befriedigt und dankbar akzeptiert wird.

George Santayana

Verantwortliche Menschen schieben die Schuld für ihr Verhalten nicht auf die Umstände oder die herrschenden Bedingungen.
Ihr Verhalten ist vielmehr das Produkt ihrer eigenen, bewussten Entscheidung.

Stephen R. Covey

Wenn Sie in der Klemme stecken und darauf warten, dass sich etwas ändert,

warum fangen Sie dann nicht bei sich selbst an?

Ist Verantwortung wirklich eine so große Herausforderung für Sie?

Wenn Freunde Sie um einen Gefallen bitten, kommen sie dann üblicherweise gleich mit einem Vertragsentwurf oder einer Verzichtserklärung?

Was Sie aus Ihrem Leben machen, ist Ihre Sache.

Jeder Mensch schafft seine eigene Realität. Das Recht auf eigene Lebensgestaltung ist ein Grundrecht. Dennoch gibt es viele Menschen, die sich das Leben, das sie sich wünschen würden, einfach nicht zutrauen. Sie übersehen dabei die fundamentale Tatsache, dass es nicht die äußeren Gegebenheiten sind, die über Erfolg und Misserfolg entscheiden, sondern der Glaube an uns selbst und der Wille, das eigene Leben an den höchsten Zielen auszurichten.

Es ist überhaupt kein Fehler, **realistisch** zu sein – solange man sich seine **eigene Realität** erschafft.

Beth Mende Conny

Erfolg

Ich möchte Ihnen empfehlen, den Weg der Pro-Aktivität für 30 Tage zu testen. Versuchen Sie es einfach, und beobachten Sie, was passiert. Arbeiten Sie 30 Tage lang in Ihrem persönlichen Wirkungskreis. Gehen Sie kleine Verpflichtungen ein und erfüllen Sie sie. Seien Sie ein Licht und kein Richter. Ein Modell und kein Kritiker. Seien Sie Teil der Lösung, nicht des Problems ... Wenn Sie einen Fehler machen, geben Sie ihn zu, korrigieren Sie ihn, und lernen Sie daraus – sofort. Fallen Sie nicht in das alte Verhaltensmuster zurück, die Schuld auf andere zu schieben oder Entschuldigungen zu suchen. Arbeiten Sie an Dingen, auf die Sie Zugriff haben: Arbeiten Sie an sich selbst.

Stephen R. Covey, Die sieben Wege zur Effektivität

Sie müssen nicht außergewöhnlich talentiert sein,

um Erfolg zu haben. Alles, was Sie wirklich brauchen,

ist eine Aufgabe, die Ihnen liegt –

sowie

Beharrlichkeit, Beharrlichkeit und nochmals Beharrlichkeit.

Das ist das ganze Geheimnis.

Wenn man die Dinge genauer betrachtet,
gibt es keinen Grund, bis zum Dessert am Tisch
sitzen zu bleiben.

Desserts gibt's überall.

Merrill Markoe

Den Schlüssel zum Erfolg kenne ich nicht.

Aber ich weiß, dass der

Schlüssel zum Misserfolg

überall herumliegt.

Bill Cosby

Wie kann ich mich selbst jeden Tag aufs Neue motivieren?

Eine weise Frau, die in den Bergen unterwegs war, fand einen kostbaren Stein an einem Flussufer. Am folgenden Tag traf sie einen anderen Reisenden, der hungrig war. Sie öffnete ihre Tasche, um ihm etwas von ihrem Mahl abzugeben. Da sah der Fremde den Stein und bat sie, ihm diesen doch zu schenken. Sie tat es ohne Zögern. Der Fremde bedankte sich und zog erfreut über diesen Glücksfall weiter. Denn er wusste, dass der Stein so wertvoll war, dass er für sein Leben ausgesorgt hatte. Doch ein paar Tage später kehrte er um, um der weisen Frau den Stein zurückzugeben. »Ich habe nachgedacht«, sagte er ihr, »und ich weiß, wie wertvoll dieser Stein ist. Aber ich gebe ihn dir zurück in der Hoffnung, dass du mir dafür etwas viel Wertvolleres geben kannst. Gib mir, was dich im Inneren befähigt hat, diesen Stein einfach herzugeben.«

unbekannt

Erfolgreiche Menschen kennen die Angst —

und übernehmen dennoch die Führung.

Holly Stiel

Jeder braucht Anerkennung für seine Leistungen, aber nur wenige Menschen drücken dieses Bedürfnis so klar aus wie der kleine Junge, der zu seinem Vater sagte: »Lass uns Ball spielen. Ich werfe, und du sagst:

toll!«

The Best of Bits and Pieces

Sowohl Erfolg als auch Versagen werden viel zu wichtig genommen. Aber über das Versagen gibt es wesentlich mehr zu reden.

Hildegard Knef

Es gibt leider keinen Zeitpunkt, zu dem man sagen könnte: »Gut, jetzt bin ich erfolgreich, da könnte ich auch mal ein Nickerchen machen.«

Carrie Fisher

Wenn jemand etwas nach Ihnen benennen wollte, **worum würde es sich handeln?**

Als Faustregel habe ich gelernt, niemals zu fragen, ob ich etwas tun kann. Sage stattdessen, dass du es tust. Und dann

schnall dich an.

Denn es werden die aufregendsten Dinge passieren.

Julia Cameron

Über Franklin Covey

Franklin Covey ist die größte Gesellschaft für Zeitmanagement- und Persönlichkeitsentwicklung der Welt. Unser Service und unsere Produkte, die auf erprobten Prinzipien basieren, werden von mehr als 15 Millionen Menschen weltweit genutzt. Wir arbeiten mit einer Vielzahl von Kunden, sehr großen wie auch kleineren Unternehmen, Gemeinschaften und Organisationen. Sie kennen uns vielleicht durch unseren weltbekannten Franklin Planner oder eines unserer Bücher über die sieben Wege. Übrigens wurden mehr als 15 Millionen der Franklin Covey-Bücher weltweit verkauft – mehr als 1,5 Millionen pro Jahr. Aber vielleicht wissen Sie noch nicht, dass Franklin Covey auch Training für Unternehmensführung, Motivations-Workshops, persönliches Training, Audio- und Videoaufnahmen sowie das *Priorities Magazine* anbietet, um nur einige Tätigkeitsfelder zu nennen.

Sagen Sie uns Ihre Meinung

Wir würden gern Ihre Vorschläge oder Kommentare über *Freiheit* hören.

www.franklincovey.com/portable7

The Portable 7 Habits
Franklin Covey
MS0733-CK
220 West Parkway Boulevard
Salt Lake City, Utah 84119-2331
USA

www.franklincoveyeurope.com

Franklin Covey Europe
Grimsbury Manor
Grimsbury Green
Banbury
Oxfordshire OX16 3JQ
United Kingdom

Quellen

Auszug aus *The Magic of Conflict: Turning a Life of Work into a Work of Art* von Thomas F. Crum.

Nachdruck aus *365 Words of Well Being for Women* von Rachel Snyder, © 1997. Mit freundlicher Genehmigung der NTC/Contemporary Publishing Group, Inc.

Auszug aus *The Velveteen Rabbit* von Margery Williams.

Literatur

Allenbaugh, Eric, *Wake Up Calls: You Don't Have to Sleepwalk Through Your Life, Love, or Career!*, New York 1994.

Breathnach, Sarah Ban, *Ein guter Tag. 365 Schritte zum erfüllten Leben*, München 1998.

Bunnell, Jean, *You Decide! Making Responsible Choices, Instructional Fair* 1998.

Covey, Stephen R., *So leben Sie »Die sieben Wege zur Effektivität«. Das bewährte Covey-Erfolgskonzept in der Praxis*, Frankfurt/New York 2000.

Covey, Stephen R., *Die sieben Wege zur Effektivität. Ein Konzept zur Meisterung Ihres beruflichen und privaten Lebens*, Frankfurt/New York 2000.

Hammond, John S., *Smart Choices. Die aktive Methode für bessere Entscheidungen*, Düsseldorf 1999.

Jeffers, Susan, *Selbstvertrauen gewinnen. Die Angst vor der Angst verlieren*, München 1999.

Kreeft, Peter, *Making Choices: Practical Wisdom for Everyday Moral Decisions*, Ann Arbor 1990.

Levoy, Gregg Michael, *Callings: Finding and Following an Authentic* Life, New York 1998.

MacKenzie, Gordon, *Orbiting the Giant Hairball: A Corporate Fool's Guide to Surviving with Grace*, New York 1998.

Null, Gary, *Choosing Joy: Change Your Life for the Better*, New York 1998.

O'Connell, Timothy E., *Good People. Tough Choices: Making the Right Decisions Every Day*, Allen, Texas 1999.

Scott, Steve, *Simple Steps to Impossible Dreams: The Fifteen Power Secrets of the World's Most Successful People*, Texas 1998.

Sloan, Tod, *Life Choices: Understanding Dilemmas and Decisions*, Boulder 1996.

Stoddard, Alexandra, *Making Choices: Discover the Joy in Living the Life You Want to Lead*, New York 1995.

Stoddard, Alexandra, *Making Choices: The Joy of a Courageous Life*, New York 1994.

Vertrauen

Die ***Begleiter auf den 7 Wegen zur Effektivität*** stellen die Grundgedanken des bewährten Covey-Erfolgskonzeptes zu Zeit- und Lebensmanagement in einer neuen, innovativen Form vor: Die sorgfältig ausgewählte Sammlung provokativer Fragen, witziger Aphorismen und inspirierender Anekdoten gibt neue Denkanstöße, durch richtiges Zuhören und Anteilnahme Beziehungen zu anderen reicher zu gestalten.

DIE KLEINE COVEY-BIBLIOTHEK

BEGLEITER AUF DEN 7 WEGEN ZUR EFFEKTIVITÄT

Vertrauen

WEG 5:

ERST VERSTEHEN, DANN VERSTANDEN WERDEN

Aus dem Englischen von Wolfgang Ehle

FranklinCovey

Campus Verlag
Frankfurt/New York

Die amerikanische Originalausgabe erschien erstmals 1999 unter dem Titel »The Portable 7 Habits™. Trust. Sharing Ideas, Insights, and Understanding« bei Franklin Covey Co.

Aus dem Englischen von Wolfgang Ehle

Die Deutsche Bibliothek – CIP-Einheitsaufnahme

Ein Titeldatensatz für diese Publikation ist bei Der Deutschen Bibliothek erhältlich.
ISBN 3-593-37079-4

Umschlaggestaltung: Guido Klütsch, Köln
Satz: WHE Marketing Beratung, Neu-Isenburg
Illustration: Tammy Smith
Druck und Bindung: Druckhaus Beltz, Hemsbach
Gedruckt auf säurefreiem und chlorfrei gebleichtem Papier.
Printed in Germany

Inhalt

Wenn wir uns aufregen, sind uns die Ohren vor lauter Angst wie mit Wachs verschlossen. Wir hören mit unserem gebrochenen Herzen, unserem zerstörten Ego und mit unserer Wut. In solchen Momenten nehmen harmlose, kleine Wörter große Bedeutung an, und die kleinste Geste wird zu einer bedrohlichen Gebärde. Sie mögen sich angegriffen fühlen, dabei will man Sie trösten. Sie fühlen sich kritisiert, doch man bietet Ihnen Unterstützung an. Wenn Sie wissen, dass Sie erregt sind oder sich verletzlich fühlen, fragen Sie deshalb die Menschen, was sie Ihnen wirklich sagen wollen, bevor Sie selbst eine falsche Schlussfolgerung ziehen.

Iyanla Vanzant

Einführung

Wie Sie mit anderen kommunizieren und wie gut Sie zuhören, hängt in erster Linie von der Qualität Ihrer Beziehungen ab. Um ein guter Zuhörer zu werden, braucht es nichts weiter als Ihre beständige Aufmerksamkeit und den Wunsch, die wahre Bedeutung hinter den Wörtern zu erkennen, bevor Sie sich mit Ihrer eigenen Geschichte einbringen.

In diesem Band der Reihe *Begleiter auf den 7 Wegen zur Effektivität* haben wir ein bewährtes Prinzip des Konzeptes der *Sieben Wege zur Effektivität* von Stephen R. Covey vereinfacht dargestellt, um Ihnen durch empathisches Zuhören einen Einblick in den Bezugsrahmen von anderen Menschen zu ermöglichen.

In diesem Buch gibt es keine Anweisungen, denen man folgen muss. Keine Instruktionen. Keine Vorschriften. Und keine Formeln für Erfolg. Stattdessen finden Sie eine Sammlung von anregenden Fragen, inspirierenden Zitaten und lehrreichen Anekdoten.

Wenn Sie jetzt umblättern, lesen Sie nicht nur mit dem Verstand – lesen Sie auch mit Ihrem Geist, mit Ihrer Seele! Denken Sie über das Gelesene nach. Erwägen Sie, was es in Ihrem täglichen Leben bedeuten könnte, effektiver zu kommunizieren. Lassen Sie sich von den Weisheiten anregen, durch Anteilnahme ein besserer Zuhörer zu werden und damit Ihre Beziehungen zu bereichern.

Machen Sie es sich zur Gewohnheit, erst zu verstehen,
um dann selbst verstanden zu werden.

Weg 5:

Erst verstehen, dann verstanden werden

Hören Sie den Menschen ernsthaft zu

Kommunikation

Bevor die Probleme kommen, bevor Sie zu bewerten und zu beschreiben versuchen, bevor Sie Ihre eigenen Vorstellungen zu präsentieren versuchen – versuchen Sie zu verstehen. Wenn wir einander wirklich verstehen, öffnen wir kreativen Lösungen und dritten Alternativen die Tür. Unsere Unterschiede sind keine Stolpersteine für Kommunikation und Fortschritt mehr.

Stephen R. Covey, Die sieben Wege zur Effektivität

Obwohl die **Zunge** nicht sehr schwer ist,
gelingt es doch nur wenigen Menschen,
sie im **Zaum** zu halten.

unbekannt

GUTE GESPRÄCHE

sind so anregend wie schwarzer Kaffee,
und genauso schlafraubend.

Anne Morrow Lindbergh

Es war schwer, zu dir durchzukommen. Du sprachst immer mit dir selbst. **Es war dauernd besetzt.**

Mary, Mary

Hallo, Sie haben jemanden angerufen, der nie zuhört. Ihr Anruf ist sehr wichtig für mich, aber ich bin zu beschäftigt mit emotionalen Dauergesprächen, um mich jetzt mit Ihnen zu befassen. Sie werden gleich durchgestellt. Währenddessen stellen Sie sich bitte auf folgende Gegebenheiten ein: Seien Sie gewillt, mit meiner mangelnden Kommunikationsfähigkeit umzugehen, mit meiner lebenslangen emotionalen Unerreichbarkeit, meiner Gleichgültigkeit und meinem Mangel an Anteilnahme an Ihren so genannten Problemen. Ferner ist es hilfreich, mir zuzuhören, selbst wenn ich nicht zuhöre. Und vor allem: Kein Gejammer. Bevor Sie weitermachen, wählen Sie unter folgenden Möglichkeiten:

Drücken Sie die 1, um Ablehnungsgründe zu beseitigen. **Drücken Sie die 2**, um Ihre Glaubwürdigkeit abzutreten. **Drücken Sie die 3**, um alle Gedanken an Gemeinsames zu löschen. **Drücken Sie die 4**, um automatisch aufzulegen und eine Beziehung mit jemandem zu beginnen, mit dem Sie »sprechen« können. Wenn Sie Ihre Existenz rechtfertigen wollen, Ihre Gefühle spüren oder verbalen Volleyball spielen möchten; bleiben Sie bitte in der Leitung. Wenn Sie mich nur fragen wollen, was ich dazu fühle, hängen Sie bitte sofort auf und konsultieren Sie einen Therapeuten Ihrer Wahl. Sie können jederzeit die **Null drücken**, um ins wirkliche Leben zurückzukehren. Ich verstehe, dass dieser Ablauf verwirrend sein kann – ich möchte Ihnen gern helfen, aber ich bin gerade auf der anderen Leitung dabei, mich herauszuhalten, und mein Radar ist ausgeschaltet. Ihr Anruf ist sehr wichtig für mich. Aber ich werde Sie in diesem Leben sicher nicht mehr zurückrufen. Bitte bleiben Sie dran – oder legen Sie auf.

Zwei

Menschen können viele Jahre
unter einem Dach leben
und miteinander reden –
und dennoch niemals
wirklich zusammenkommen.

Mary Catherwood

Sprechen Sie mit mir?

Robert de Niro in »Taxi Driver«

Ich finde, dass ein Mensch mit Kommunikationsproblemen wenigstens eines tun könnte:
einfach den Mund halten.

Tom Lehrer

Spieglein, Spieglein an der Wand ...

Probieren Sie diese Eröffnungssätze bei Ihrem Partner oder einem Freund aus. Lassen Sie sich wiederholen, was der andere verstanden hat. Wenn beide das Gleiche verstanden haben, sagen Sie »danke, dass du mich verstehst« und gehen Sie weiter im Thema. Wenn das Gesagte einen besonders problematischen Bereich in Ihrer Beziehung berührt, bleiben Sie jeweils bei nur einem Aspekt und vertiefen Sie ihn mit dieser Spiegel-Technik.

Kürzlich fiel mir auf ______________________________

Es verwirrt mich, dass ______________________________

Ich wäre froh, wenn ______________________________

Wenn du ... , habe ich das Gefühl ______________________________

Ich wünsche mir, dass ______________________________

Wie können wir erreichen, dass ______________________________

Was kann ich dazu beitragen, um ______________________________

Ich schätze an dir, dass ______________________________

Wovor ich Angst habe, ist ______________________________

Es beruhigt mich, wenn ______________________________

Zuhören ist extrem schwierig, denn stets projiziert man seine eigenen Meinungen, Ideen, Vorurteile, Erfahrungen, Neigungen oder Impulse auf das Gesagte. Und wenn diese dominieren, hört man nicht wirklich zu. Man kann nur zuhören und daraus lernen, wenn man seinem Inneren Stille gebietet.

Krishnamurti

Wenn sich alles von selbst versteht,

warum funktioniert dann nie etwas?

Marcelene Cox

Der beste Weg, das letzte Wort zu haben, ist sich zu entschuldigen.

EINFÜHLUNGSVERMÖGEN

Empathisches Zuhören verleiht Ihnen Kraft, da es Ihnen genaue Daten liefert, mit denen Sie arbeiten können. Statt Ihre eigene Autobiografie zu projizieren und Gedanken, Gefühle, Motive und Interpretationen zu unterstellen, gehen Sie mit der Realität im Kopfe und im Herzen des anderen um.

Stephen R. Covey, Die sieben Wege zur Effektivität

Ich glaube, es ist wichtig zu wissen, wie das Wasser über den Damm gekommen ist, bevor man überhaupt damit anfängt, es zu beschreiben.

Es hilft, wenn man selbst schon einmal dort war.

E. Annie Proulx

Warum sind es immer die Menschen mit begrenztem Verstand, die grenzenlos schwätzen?

EINFÜHLUNGSVERMÖGEN

bedeutet, einem anderen Menschen in die tieferen Bereiche seines Ichs zu folgen und trotzdem einen gewissen Abstand zu wahren. Es bedeutet, die Gefühle des anderen zu erfahren und dennoch die eigene Identität zu behalten. Wenn jemand die Fähigkeit verliert, seine eigenen Gefühle von denen des anderen zu trennen, dann kann er nicht mehr einfühlsam sein.

Robert Bolton

Mitgefühl ist die größte und wichtigste Ausprägung emotionaler Reife. Durch Mitgefühl erreicht ein Mensch auf der Suche nach Selbsterfüllung die höchsten Gipfel und die tiefsten Abgründe.

Arthur Jersild

Wenn mich Ihre Meinung interessierte,

dann hätte ich Sie gebeten, die notwendigen Formulare dafür auszufüllen.

Die Menschen, mit denen wir am liebsten sprechen, sind solche, die Anteilnahme zeigen – die erkennen lassen, dass ihnen unsere Gefühle und das, was wir sagen, nahe gehen. Die wirklich guten Talkmaster in den Fernsehshows haben diese Eigenschaft. Ich nenne sie

»Anteilnehmer«.

Larry King

Wenn Sie eine Frau fragen, was sie fühlt, und sie antwortet nicht, dann bedeutet das:

a) Sie hat Sie nicht gehört.
b) Sie ist bewusstlos.
c) Nichts. Es ist einfach nur ein dummes Vorurteil, dass Frauen ständig über ihre Gefühle reden wollen.
d) Das Türenknallen, das Sie vor 20 Minuten gehört haben, war ihr Abgang.

(Die richtige Antwort ist b: Sie ist vor Überraschung ohnmächtig geworden.)

Zuhören ist die Kunst, durch Anteilnahme den Abstand zwischen uns und unserem Gegenüber zu überbrücken. Passive Aufmerksamkeit allein reicht nicht.

Michael P. Nichols

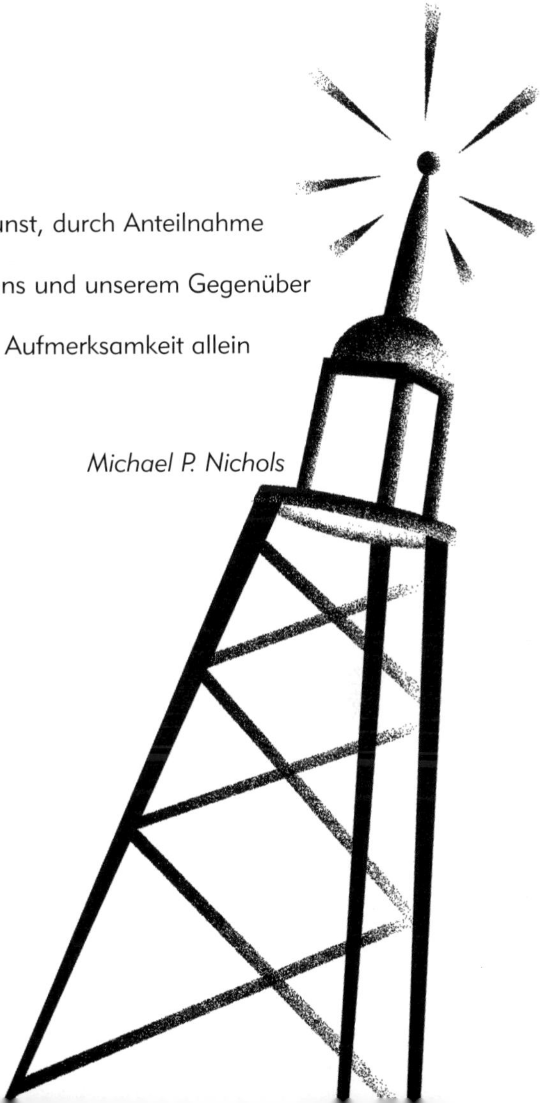

Sag, was du meinst,

---

meine, was du sagst,

---

aber sag es nicht gemein.

Wie wird man ein guter Zuhörer?

1. Gewöhnen Sie sich an zu sagen: »Lass dir Zeit, ich höre dir zu.« Und meinen Sie es auch so.
2. Stellen Sie Ihre eigenen Anliegen zurück.
3. Seien Sie erreichbar und emotional empfänglich, und zeigen Sie es durch Ihre Körpersprache.
4. Versuchen Sie, den Standpunkt des anderen zu verstehen.
5. Hören Sie geduldig zu und stellen Sie Ihr Redebedürfnis zurück.
6. Versuchen Sie, sich in den anderen hineinzuversetzen und seine Gefühle nachzuempfinden.
7. Helfen Sie ihm, durch gezielte Fragen Gedanken und Gefühle zutage zu fördern.
8. Lassen Sie den anderen genau erklären, was er meint.
9. Geben Sie ihm eine Rückmeldung: »Lass mich wiederholen, was ich verstanden habe ...«
10. Gehen Sie rücksichtsvoll mit den Gefühlen des anderen um.

Ein Grund dafür, dass die Gesellschaft eines Hundes so tröstlich sein kann, ist, dass er nicht versucht, den Grund für deine Traurigkeit herauszufinden.

unbekannt

Zuhören

Zu wissen, dass man und wie man zuhören muss, reicht nicht aus. Wenn ich es nicht wirklich will, dann wird es nicht zur Gewohnheit.

Stephen R. Covey, Die sieben Wege zur Effektivität

Bevor Sie jemandem zuhören,

bringen Sie Ihre innere Stimme zum Schweigen.

Verzichten Sie darauf, das auszusprechen, was Ihnen unter den Nägeln brennt. Und – vor allen Dingen – beißen Sie sich lieber auf die Zunge, als zu sagen: »So würde ich das aber nicht machen.«

Wenn Sie ein guter Zuhörer sind, werden Ihnen die Leute mehr erzählen. Mike Wallace, der Moderator von CBS, ist darin großartig: Wenn ihm jemand eine unvollständige Antwort gibt, schweigt er einfach, und der andere beeilt sich, die Stille auszufüllen.

Ed Bradley

Wirkliches Zuhören bedeutet, Erinnerungen, Wünsche und Urteile beiseite zu lassen und wenigstens für einige Augenblicke ganz für den anderen da zu sein.

Michael P. Nichols

Sie haben das Recht zu schweigen,

also bitte tun Sie es, solange ich rede.

Das Gegenteil von sprechen ist nicht zuhören.
Das Gegenteil von sprechen ist warten.

Fran Leibowitz

Nur wenn in unserem Inneren
Stille herrscht, können wir uns
wirklich klar auszudrücken.

Seal

SEI GANZ
BEI DER SACHE.

Empathisches Zuhören braucht seine Zeit, aber nicht annähernd so viel, wie es kostet, Missverständnisse zu klären und auszubügeln, wenn die Dinge schon ihren Lauf genommen haben, wieder von vorne anzufangen, mit ungelösten und unausgesprochenen Problemen zu leben, mit den Ergebnissen des Mangels an **»psychischer Luft«** umzugehen.

Stephen R. Covey

Anleitung für wirkungsvolles Zuhören

1. Unterbrechen Sie beim Zuhören die Herz-Kopf-Verbindung.
2. Hören Sie mit der Absicht zu, wirklich zu verstehen.
3. Achten Sie auf die Botschaft und ihren versteckten Inhalt.
4. Seien Sie empfänglich für Inhalte und für Gefühle.
5. Gebrauchen Sie die Augen beim Zuhören – es verbessert Ihr Gehör.
6. Achten Sie auf die Interessenlage des anderen, nicht nur auf seine Position.
7. Achten Sie auf das Gesagte und auf das nicht Gesagte.
8. Hören Sie aufmerksam und teilnahmsvoll zu.
9. Achten Sie besonders auf die Stellen, bei denen der andere ängstlich und verletzt ist.
10. Hören Sie so zu, wie Sie gerne hätten, dass man Ihnen zuhörte.

Eric Allenbaugh

Es ist immer das Gleiche ... Die Leute wollen nur ihre eigenen Geschichten loswerden, anstatt anderen einmal zuzuhören. Ich glaube, deshalb sind Psychiater besser als Freunde; der bezahlte Zuhörer unterbricht uns nicht mit seinen eigenen Geschichten.

Helen van Syke

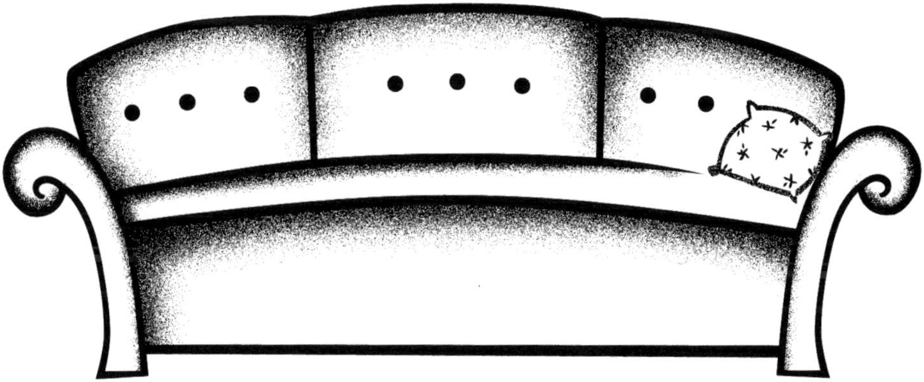

Ein freundlich geliehenes Ohr nicht zu beachten
wäre die schlimmste Verschwendung.

WAHRNEHMEN

Wenn Sie anderen Menschen intensiv zuhören, werden Sie enorme Unterschiede in der Wahrnehmung feststellen. Sie werden auch die Auswirkungen dieser Unterschiede auf Menschen, die in voneinander abhängigen Situationen zusammenarbeiten, bald zu schätzen wissen.

Stephen R. Covey, Die sieben Wege zur Effektivität

Ich will eigentlich nicht
kommunizieren.
Ich möchte einfach nur
verstanden werden.

© Ashleigh Brilliant

Häufig entstehen für uns unerklärliche Verhaltensweisen – Anzeichen von Annäherung oder Rückzug –, weil andere aus unserer Art zu reden Schlussfolgerungen ziehen, die wir nie erwartet hätten.

Viele unserer Motive, die für uns vollkommen klar sind, werden von anderen, mit denen wir sprechen, niemals wahrgenommen.

Sehr viele Fälle von Unhöflichkeit, Sturheit, Rücksichtslosigkeit oder Verweigerung entstehen einfach durch Unterschiede in der Ausdrucksweise.

Deborah Tannen

Der größte
Sprung vorwärts
ist der Sprung
zur Erkenntnis.

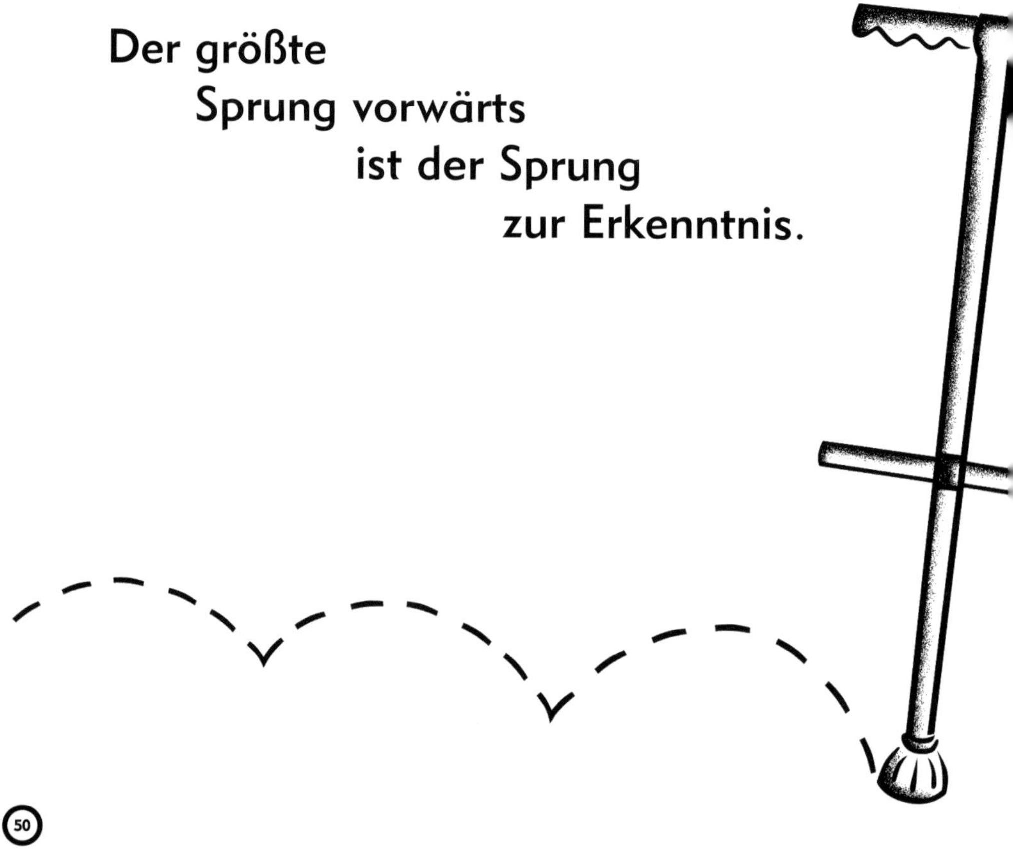

Wenn man immer wieder mit der gleichen Sache behelligt wird, kann man leicht die Geduld verlieren und sagen: **»Wie oft muss ich mir das eigentlich noch anhören?«**

Eine solche Zurechtweisung macht dann Sinn, wenn der andere Ihnen die Schuld an etwas zuschieben will oder von Ihnen verlangt, etwas zu erledigen, was eigentlich seine Sache ist. Aber geht es überhaupt darum? Wenn man einmal begriffen hat, dass es vielen Menschen nur darauf ankommt, ihre Probleme bei jemandem abzuladen, und sie sich schon wohler fühlen, wenn ihnen nur jemand zuhört, dann kann man sich entspannen und ihnen den Gefallen tun. Einfach nur zuhören hilft beiden.

Michael P. Nichols

Haben Sie jemals mit dem Nachdenken aufgehört –

und dann vergessen, wieder damit anzufangen?

Ich denke oft über die menschliche Aufrichtigkeit nach, über **wahre Offenheit.** Sie ist eine seltene und schwierige Eigenschaft – und hängt so sehr von den Menschen ab, die uns zuhören. Da gibt es solche, die die Schwellen überwinden und uns den Weg ebnen, dann sind da andere, die Türen aufbrechen und sich wie Invasoren aufführen, oder diejenigen, die uns einmauern und in uns selbst einsperren, die Gräben ausheben und Wälle errichten, und solche, die uns einfach aus dem Takt bringen oder nur auf unsere falschen Töne lauschen; für andere wiederum bleiben wir für immer fremd und reden in einer fremden Sprache.

Aber wenn wir als Zuhörer gefordert werden – zu welcher Gruppe gehören wir dann?

unbekannt

Ohne gute Gespräche ist eine Beziehung nicht mehr als eine hohle Tonne, in der man umhertreibt und eine bedrohliche Last an Missverständnissen, Fehlinterpretationen und Verwirrung mit sich führt.

Chérie Carter-Scott

Verabschiede dich

von deinem Hang zur Rechthaberei, und du wirst erleben, dass sich dein Verstand öffnet. Du kannst von den Ansichten anderer profitieren, ohne dabei dein eigenes Urteilsvermögen einzuschränken.

Ralph Marston

Wenn du jemandes Größe ermessen willst, lege das Maßband nicht um seinen Kopf, sondern um sein Herz.

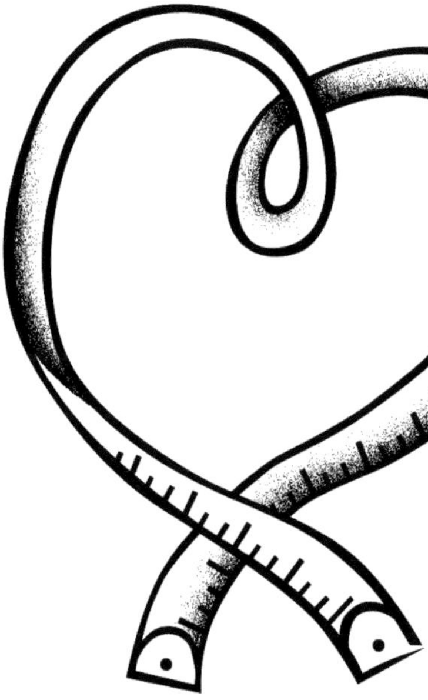

Nicht wahr?

In einem normalen viertelstündigen Radiobeitrag kam die Floskel »nicht wahr?« erstaunliche 61-mal vor. Achten Sie auf Ihre Sprache. Sie sind sich möglicherweise nicht der Tatsache bewusst, dass Sie eine solch überflüssige Phrase mehr als hundert Mal am Tag benutzen. Wenn man sich aber einmal deutlich gemacht hat, wie unprofessionell das klingt, dann ist es nicht mehr schwer, diese Gewohnheit abzulegen – nicht wahr?

Können Sie hören, was NICHT ausgesprochen wurde?

VERTRAUEN

Vertrauen ist die höchste Form der menschlichen Motivation. Es bringt das Beste im Menschen hervor. Aber es braucht Zeit und Geduld, und es erfordert zusätzliche Übung und weitere Entwicklung, bis ein Mensch in der Lage ist, sich auf diese Ebene emporzuarbeiten.

Stephen R. Covey, Die sieben Wege zur Effektivität

Sie müssen sich entscheiden,

welcher Stimme

Sie vertrauen wollen.

Sie können nicht jedem zuhören.

Alice Hoffman

Es genügte,
einfach nur
dazusitzen und
nichts zu sagen.

Louise Erdrich

Die Anziehungskraft von unerreichbaren Menschen steht im scharfen Kontrast zu der Langeweile, die wir bei all den andern empfinden. Unsere Mitmenschen sind furchtbar – einfach deshalb, weil sie lange genug um uns herum sind, uns kennen, uns mögen und uns akzeptieren. Das Problem ist nicht, wie man die Aufmerksamkeit dieser unerreichbaren Leute auf sich zieht – das eigentliche Problem besteht darin, dass man ihnen seine Telefonnummer gibt.

Marianne Williamson

Die zehn grössten Lügen aller Zeiten

10

Ich ruf dich an.

9

Ich muss Überstunden machen.

8

Ich bin (Alter minus 5 Jahre einsetzen).

7

Ich wiege (Gewicht minus 5 kg einsetzen).

6

Klar, ich werde mich darum kümmern.

5

Es liegt nicht an dir, es liegt an mir.

4

Ich erzähle es niemandem weiter – ehrlich.

3

Ich stand im Stau.

2

Lass uns doch mal zusammen essen gehen.

1

Vertraue mir.

Kann ich es wirklich wagen,

ich **selbst** zu sein,

wenn ich **mit dir**

zusammen bin?

Wer sein Wort bricht,
zerbricht das Einzige,
das nicht mehr zu
reparieren ist.

unbekannt

So wie sich bestimmte Krankheiten durch Ansteckung ausbreiten, so kann auch Vertrauen ansteckend sein.

Marianne Moore

Glaubwürdigkeit erfordert

Offenheit.

Hintergedanken zerstören das Vertrauen.

Judith M. Bardwick

Sind Sie ein höllischer Schwätzer oder ein himmlischer Vertrauter?

Man muss gar kein kosmisches Schwarzes Informationsloch sein, um all die kleinen Geheimnisse von Freunden und Kollegen anvertraut zu bekommen. Es gibt tatsächlich Zeiten, in denen »Ich sag's nicht weiter« nicht angesagt ist – nämlich dann, wenn durch das Zurückhalten von Informationen anderen ein Schaden entsteht. So können Sie auch Freunde verlieren. Sie müssen wissen, wann es an der Zeit ist, den Mund zu halten oder Klartext zu reden. Andererseits: Wenn Sie permanent die schmutzige Wäsche anderer waschen und überhaupt nichts für sich behalten können, dann stellen Sie sich einmal vor, derjenige, über den Sie gerade herziehen, stünde hinter Ihnen und könnte jedes Wort mithören. Ein bisschen lästern über andere ist okay, solange Sie nicht mit dem Schmutzkübel hantieren. Ansonsten könnte es gut sein, dass Sie ausgerechnet Ihre wichtigsten Freunde verlieren.

Die Brücke, die du heute niederreißt, könnte die sein, über die du morgen gehen musst.

Du kannst mir den Tag nicht verderben. Solange es Luft auf der Erde gibt und ich atmen kann, wird es ein guter Tag sein.

Cotton Fitzsimmons

Klarheit

Wenn Sie Ihre eigenen Ideen klar, eindeutig, plastisch und – das ist das Wichtigste – kontextbezogen darstellen, nämlich im Kontext eines tiefen Verständnisses für die Paradigmen und die Anliegen der anderen, dann steigern Sie die Glaubwürdigkeit Ihrer Ideen enorm.

Stephen R. Covey, Die sieben Wege zur Effektivität

Meine persönliche Meinung ist, dass wir nur deshalb die Sprache entwickelt haben, damit wir uns immer beklagen können

Jane Wagner

Warum können wir nicht einfach sagen, was wir meinen?

Wenn wir etwas sagen, das auf zwei Arten ausgelegt werden kann,
und eine davon macht dich traurig und wütend,
dann haben wir immer
die andere gemeint!

Rules That Men Wish Every Woman Knew

Wenn Sie Ihrem Ehemann eine lange Liste von fälligen Hausreparaturen vorlegen, die er Ihrer Meinung nach vornehmen sollte, und er antwortet »Ja, Liebes«, dann kann das bedeuten:

a. Ja, Liebes.

b. Vielleicht, Liebes.

c. Hmm, stimmt.

d. Du hättest einen Handwerker heiraten sollen.

(Die richtige Antwort ist d, es sei denn, Sie sind bereits mit einem Handwerker verheiratet. Dann ist die richtige Antwort c.)

The National Standardized Love Test

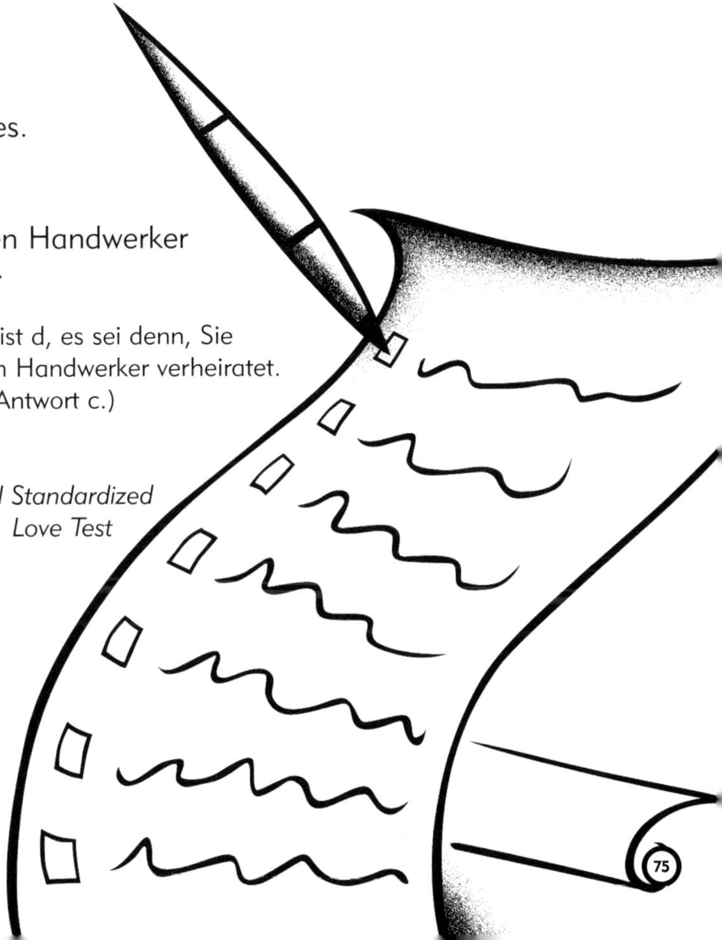

Ein Mensch,

der sehr schnell spricht,
sagt oft Dinge, über die er
noch gar nicht nachgedacht hat.

Caron Warner Lieber

Sind Sie

UNENTSCHLOSSEN?

Hm, manchmal vielleicht.

Bei der Kommunikation kommt es nicht darauf an zu bewerten, sondern zu verstehen.

Um zu bekommen, was man will, muss man sagen, was man meint. Um zu sagen, was man meint, muss man wissen, was man will.

Wenn man aber weiß, was man will, dann kann man von seinen Zielen positiv und mit hohen Erwartungen sprechen.

Iyanla Vanzant

Sagen Sie nicht einfach, Sie wollen »mehr« von jemandem. Das ist nicht eindeutig genug. Sie müssen klarstellen, was dieses »mehr« bedeutet, bevor es für jemand anderen klar werden kann.

Bewertung

Neben dem physischen Überleben ist das größte Bedürfnis des Menschen das psychische Überleben – verstanden, bestätigt, geliebt, anerkannt zu werden.

Stephen R. Covey, Die sieben Wege zur Effektivität

Es gibt nur sehr wenige Menschen, die das hören wollen, was sie lieber nicht hören wollen.

Dick Cavett

Mein Freund und ich machen einen Ausflug.
Er fährt und fragt mich:
»Ich nehme die B 29 zur Brücke. Was meinst du?«
Ich antworte:
»Humpfdi domp du hattu dipp.«
Oder er sagt: **»Ich habe Hunger. Wir sollten am nächsten Lokal anhalten. Was meinst du?«**
Und ich erwidere:
»Quiddy daddle du blups.«

Warum rede ich so ein Kauderwelsch?

Weil ich möchte, dass er mir zuhört. Er gehört zu dieser Sorte von einfühlsamen Typen, die zwar wissen, dass man mich um meine Meinung fragen sollte, aber die noch nicht begriffen haben, dass man auch die Antwort abwarten muss.

Flash Rosenberg

Ich mag es, wenn du bei 22 Grad Außentemperatur frierst. Ich bin begeistert, wenn du eineinhalb Stunden brauchst, um ein Sandwich zu bestellen. Ich liebe die kleine Falte über deiner Nase, die immer dann erscheint, wenn du mich für übergeschnappt hältst. Ich liebe dein Parfüm, das nach einem Tag mit dir immer noch in meinen Kleidern hängt. Und ich mag es, dass du die letzte Person bist, mit der ich vor dem Schlafengehen sprechen kann. Und das alles nicht aus dem Grund, weil ich einsam wäre oder weil es Silvester ist. Ich bin hierher gekommen, weil – na ja, wenn du feststellst, dass du den Rest deines Lebens mit jemandem zusammen verbringen möchtest, dann soll dieser Rest möglichst sofort anfangen!

Billy Crystal in »Harry und Sally«

Lass es nie zu, dass

ein Problem wichtiger

wird als ein geliebter

Mensch.

Barbara Johnson

Wenn Sie jemandem einen Rat geben, und der Angesprochene befolgt ihn nicht, dann sollten Sie überlegen, ob er Sie wirklich darum gebeten hatte.

Vielleicht haben Sie nur nur angenommen,

der andere wäre für Ihre »Ich-weiß-immer-alles«-

Ratschläge dankbar?

Ein
Stückchen von uns
finden wir in jedem
Menschen,
dem wir
begegnen.

Stephen R. Covey

Wenn etwas schief läuft,
lag es an mir.
Wenn etwas einigermaßen gut läuft,
lag es an uns.
Wenn etwas wirklich prima läuft,
lag es an dir.
Mehr braucht man nicht, um
Menschen Footballspiele für
sich gewinnen zu lassen.

Paul »Bear« Bryant

Siegertypen denken in
Begriffen wie:

ich kann,

ich will,

und

ich bin.

Verlierer dagegen verbringen den ganzen Tag mit Überlegungen, was sie hätten tun sollen oder tun wollen oder warum sie es nicht können.

Denis Waitley

Veni, vidi, Harmonie – ich kam, ich sah, ich passte mich an.

ANERKENNUNG

Je mehr Sie andere Menschen wirklich verstehen, desto mehr werden Sie sie anerkennen und schätzen. Die Seele eines anderen Menschen zu berühren bedeutet, auf heiligem Boden zu wandeln.

Stephen R. Covey, Die sieben Wege zur Effektivität

Ich habe Wege entdeckt, häufiger Recht zu haben als du –
bist du nicht gespannt darauf, sie zu hören?

© Ashleigh Brilliant

Schaue anderen Menschen

nicht über die Schulter, sondern

in die Augen.

Rede nicht auf deine Kinder ein.

Nimm ihr Gesicht in deine Hände und sprich mit ihnen.

Liebe nicht einen Körper,

liebe stattdessen einen ganzen Menschen.

Leo Buscaglia

Mit Tiefschlägen fertig werden

Wenn Sie das nächste Mal mit einer unerwarteten Äußerung oder Beleidigung konfrontiert werden, bedanken Sie sich dafür und gehen Sie weiter. Solche Leute warten nur auf eine heftige Reaktion von Ihnen. Das Letzte, was Sie tun sollten, ist Gehässigkeiten austauschen. Überlegen Sie, wie schlimm jemand dran sein muss, der sich nur besser fühlt, indem er andere verletzt. Ein Dankeschön bringt Sie in die überlegene Position und nimmt der Beleidigung die Wirkung.

Lass uns reden!

Mir fehlen selten die Worte. Für mich ist Sprechen eine natürliche biologische Funktion wie Atmen – ich tue es ständig. Mein Mann dagegen kann Stunden und Tage die Luft anhalten – die Stille ist betäubend. »Hast du etwas?«, frage ich, wohl wissend, dass es mir nicht gelingen wird, ein Wort aus einem bewusst schweigenden Mann herauszulocken. Der Versuch ist ebenso sinnlos wie ein Telefongespräch, wenn die Leitung tot ist.

Margo Kaufman

Ich will einfach nur Rache.
Ist das so schlimm?
Kurz gesagt:

JA.

Was bedeutet »sich auf halbem Wege treffen« wirklich? Wenn wir auf halbem Wege sind, was machen wir dann? Was liegt vor uns? Wer macht den ersten Schritt über die Hälfte hinaus? Wenn Ihnen jemand sagt »Ich bin für dich da!« oder »Ich werde für dich da sein« – wovon spricht er dann?

Was werden Sie tun, wenn Sie auf der anderen Seite sind? Solange wir uns nicht verpflichten, in unseren Beziehungen klar und effektiv zu kommunizieren, werden wir auf halbem Wege stehen bleiben und nichts wird passieren – auf der einen Seite oder auf der anderen.

Iyanla Vanzant

Es gibt nichts, was wir nicht erreichen könnten –
– solange es uns egal ist, wer die Blumen dafür empfängt.

Das Fernsehen hat den Beweis erbracht, dass sich die Menschen alles anschauen, nur nicht sich selbst.

Ann Landers

Die meisten von uns können gut schweigen,
aber die wenigsten kennen den richtigen Zeitpunkt dafür.

Interpretation

Alle wohlmeinenden Ratschläge der Welt führen zu gar nichts, wenn wir nicht einmal das richtige Problem ansprechen. Und wir werden das richtige Problem nie finden, wenn wir so in unserer eigenen Autobiografie, in unserem Paradigma gefangen sind, dass wir die Brille nicht lange genug absetzen, um die Welt aus einem anderen Blickwinkel zu sehen.

Stephen R. Covey, Die sieben Wege zur Effektivität

Eine Prophezeiung, die **nie** wahr werden wird, ist: »Du wirst mir einmal dankbar dafür sein, dass ich dir das gesagt habe.«

Judith Martin

Was Sie sehen und hören,

hängt zu einem guten Teil davon

ab, wo Sie stehen und was für eine

Persönlichkeit Sie haben.

C.S. Lewis

Verwenden Sie die Wörter

»ABER«

und

»DU SOLLTEST«

sparsam.

Sie laden eine Frau zum Abendessen ein, und sie sagt: »Tut mir leid, aber ich muss zu Hause bleiben und mich regenerieren.« Was bedeutet *regenerieren* in diesem Zusammenhang?

a. Ich muss mein Gesicht mit einer Peeling-Creme behandeln, um die Poren zu öffnen und die abgestorbenen Hautzellen zu entfernen.
b. Ich muss mich für eine andere Verabredung fertig machen.
c. *Ally McBeal* sehen, Süßigkeiten essen und das Schicksal befragen, warum mich niemand Interessantes zum Ausgehen einlädt.

(Entweder ist b oder c richtig. Wenn Sie a gesagt haben: Wer sind Sie – ein Mann oder eine Kosmetik-Beraterin?)

The National Standardized Love Test

Wenn du glücklich sein willst,

SEI ES.

Lew Tolstoi

Ein wahrer Mensch ist der,

der bewusst aufnimmt,

der in jedem Augenblick vollständig und umfassend im Leben steht. Durch diese Fähigkeit

zum inneren und äußeren

Zuhören entsteht die Demut.

Joseph Rael

Frage:

Was bedeutet die Aussage

»Es würde jetzt zu lange dauern, das zu erklären«?

Antwort:

»Ich habe keine Ahnung, wie es funktioniert.«

Wenn wir den Mut haben, wir selbst zu sein und auf unseren eigenen Füßen zu stehen, dann müssen wir auch akzeptieren, dass andere Menschen die gleichen Rechte und damit auch Anspruch auf ihre eigenen Standpunkte haben. Es geht nicht darum, uns von den anderen abzugrenzen, sondern jedem sein Selbst zu belassen, ihnen und uns. Es ist natürlich anstrengend, die Standpunkte eines anderen zu verstehen, aber dies ist mehr als nur eine Technik, die man lernen und ausüben kann:

Jemandem zuzuhören ist Ausdruck der Anteilnahme für ihn.

Michael P. Nichols

Es ist besser, ein paar Fragen zu stellen, als alle Antworten zu kennen.

James Thurber

Ich möchte nicht eines Morgens aufwachen und mich als die eine Hälfte eines dieser Paare wiederfinden, die in der Werbung am Frühstückstisch tiefschürfende, ernsthafte Gespräche über das Müsli führen und glückliche Momente bei der Diskussion über den Wert von Rosinen erleben.

Merrill Markoe

Wenn es für Sie nur die Entscheidung zwischen Ihrem und gar keinem Weg gibt, dann könnte es Zeit für einen Richtungswechsel sein.

PRÄSENTATION

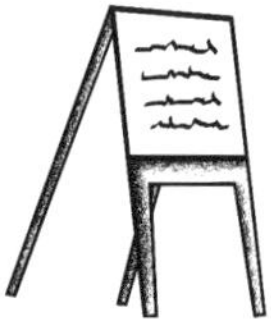

Je authentischer Sie auftreten, insbesondere im Hinblick auf persönliche Erfahrungen und sogar Selbstzweifel, desto mehr Menschen werden sich davon angezogen fühlen und sich Ihnen anvertrauen. Dies wiederum produziert neue Einsichten, Lehren, Freuden und ein Gefühl des Abenteuers, das diesen Prozess weiter vorwärts treibt.

Stephen R. Covey, Die sieben Wege zur Effektivität

Nach zehn Jahren an der Westküste und fast einem ganzen Leben an der Ostküste bin ich für beide untauglich geworden. Für Kalifornien presche ich zu schnell vorwärts, und für New York bin ich zu vergnügt (obwohl ein paar Jahre länger in dieser Stadt das Problem gelöst hätten). Die Kalifornier denken, ich sei rücksichtslos, nur weil ich eine New Yorker Eigenheit angenommen habe: das »aktive Zuhören«. Sie nennen es »unterbrechen«. Die New Yorker dagegen vermuteten bei mir eine Art frühkindlichen Nervenschaden, der mich immer dazu zwingt, mit der Antwort zu warten, bis mein Gegenüber seinen Satz beendet hat.

Judith Stone

Es kommt darauf an, wie Sie Kritik üben. Geben Sie der anderen Person zu erkennen, dass Sie zu einer verabredeten Zeit mit ihr sprechen wollen und nicht streiten. Seien Sie sehr einfühlsam und rücksichtsvoll. Sprechen Sie über Ihre Gefühle und nicht über die Unzulänglichkeiten des anderen. Erinnern Sie sich an die verbindenden Gemeinsamkeiten und nicht an das Trennende zwischen Ihnen.

Der frühe Vogel mag den Wurm fangen,
aber die wartende Maus bekommt den Käse!

Man kann einfach nicht genug miteinander reden. Fachleute sagen, dass man dem durchschnittlichen Erwachsenen einen Sachverhalt sechsmal erläutern muss, bevor er ihn verinnerlicht hat. Das wirkliche Kunststück besteht also darin, eine Nachricht so kreativ aufzubereiten, dass sie schon beim ersten Mal verstanden wird.

Barbara A. Ganz

Ich komme wieder und wieder zu der Überzeugung, dass wichtige Dinge ausgesprochen und mitgeteilt werden müssen, selbst wenn das zu Verstimmungen und Missverständnissen führt. Und **dass mir allein schon das Aussprechen gut tut,** neben allen anderen Wirkungen.

Audre Lorde

DIPLOMATIE

ist nicht die Kunst,
jemand anderem Ihren
Willen aufzuzwingen.

Was die besten *Talkmaster* gemeinsam haben

- Sie betrachten die Dinge aus einem neuen Blickwinkel und nehmen zu altbekannten Fragestellungen unerwartete Standpunkte ein.
- Sie haben einen weiten Horizont. Sie denken nach und sprechen über eine breite Palette an Themen und Erfahrungen jenseits ihres eigenen Lebens.
- Sie sind begeisterungsfähig und zeigen die Hingabe, mit der sie ihr Leben führen, und ihr Interesse an dem, was Sie zu ihnen sagen.
- Sie sprechen nicht ständig über sich selbst.
- Sie sind neugierig. Sie fragen »warum?« und wollen mehr von dem wissen, was Sie zu erzählen haben.
- Sie nehmen Anteil. Sie versuchen, sich in Ihre Situation zu versetzen und zu verstehen, was Sie sagen.
- Sie haben Sinn für Humor. Und sie haben keine Angst, selbstironisch zu sein. Tatsächlich machen die besten Talker häufig Witze über sich selbst.
- Sie haben einen eigenen, unverwechselbaren Sprachstil.

Larry King

Jeder hat in seinem Inneren seine eigene Sprache. Aber was ich am meisten liebe, ist, wenn Menschen sprachlos werden und versuchen, ihre Gedanken auf den Punkt zu bringen. Daran erkennt man den wahren Charakter.

Anna Deavere Smith

Andere Menschen mögen unser Leben komplizierter machen, aber ohne sie wäre es unerträglich desolat. **Niemand kann in totaler Isolation wirklich ein Mensch sein.** Die Qualitäten, die unser Menschsein ausmachen, zeigen sich in der Art und Weise, wie wir Beziehungen zu anderen Menschen pflegen.

Harold Kushner

Über Franklin Covey

Franklin Covey ist die größte Gesellschaft für Zeitmanagement- und Persönlichkeitsentwicklung der Welt. Unser Service und unsere Produkte, die auf erprobten Prinzipien basieren, werden von mehr als 15 Millionen Menschen weltweit genutzt. Wir arbeiten mit einer Vielzahl von Kunden, sehr großen wie auch kleineren Unternehmen, Gemeinschaften und Organisationen. Sie kennen uns vielleicht durch unseren weltbekannten Franklin Planner oder eines unserer Bücher über die sieben Wege. Übrigens wurden mehr als 15 Millionen der Franklin Covey-Bücher weltweit verkauft – mehr als 1,5 Millionen pro Jahr. Aber vielleicht wissen Sie noch nicht, dass Franklin Covey auch Training für Unternehmensführung, Motivations-Workshops, persönliches Training, Audio- und Videoaufnahmen sowie das *Priorities Magazine* anbietet, um nur einige Tätigkeitsfelder zu nennen.

Sagen Sie uns Ihre Meinung

Wir würden gern Ihre Vorschläge oder Kommentare über *Vertrauen* hören.

www.franklincovey.com/portable7

The Portable 7 Habits
Franklin Covey
MS0733-CK
220 West Parkway Boulevard
Salt Lake City, Utah 84119-2331
USA

www.franklincoveyeurope.com

Franklin Covey Europe
Grimsbury Manor
Grimsbury Green
Banbury
Oxfordshire OX16 3JQ
United Kingdom

Quellen

Nachdruck mit freundlicher Genehmigung von Ashleigh Brilliant.
© Ashleigh Brilliant.
www.ashleighbrilliant.com

Nachdruck mit freundlicher Genehmigung von Flash Rosenberg. Auszug aus *Creme de la Femme* von Anne Safran Dalin, veröffentlicht bei Random House. Das Original ist ein Cartoon und Bestandteil des Stückes *Camping in the Bewilderness* von Flash Rosenberg.

Auszug aus *Wake-Up Calls: You Don't Have to Sleepwalk Through Your Life, Love, or Career!* von Eric Allenbaugh. 1994 bei Simon and Schuster veröffentlicht. Nachdruck mit freundlicher Genehmigung. Alle Rechte vorbehalten.

Nachdruck von *How to Talk to Anyone, Anytime, Anywhere: The Secrets of Good Communication* von Larry King in Zusammenarbeit mit Bill Gilbert. © 1994 Crown Publishers. Nachdruck mit freundlicher Genehmigung von Crown Publishers.

The National Standardized Love Test von Annie Pigeon. © 2000 von Annie Pigeon. Mit freundlicher Genehmigung von Adams Media Corporation. Alle Rechte vorbehalten.

Literatur

Barbach, Lonnie, *50 Wege zu neuer Lust. Die Kunst, ein glückliches Paar zu werden*, Berlin 1999.

Bolton, Robert, *People Skills: How to Assert Yourself, Listen to Others, and Revolve Conflicts*, New York 1979.

Breathnach, Sarah Ban, *Ein guter Tag – 365 Schritte zum erfüllten Leben*, München 1998.

Carter-Scott, Chérie, *Wenn die Liebe ein Spiel ist, sind dies die Regeln*, München 2001.

Covey, Stephen R., *Die sieben Wege zur Effektivität. Ein Konzept zur Meisterung Ihres beruflichen und privaten Lebens*, Frankfurt/New York 2000.

Covey, Stephen R., *So leben Sie »Die sieben Wege zur Effektivität«. Das bewährte Covey-Erfolgskonzept in der Praxis*, Frankfurt/New York 2000.

Dimitrius, Jo-Ellan/Mazzarella, Mark, *Der erste Blick. Anleitung zur Menschenkenntnis*, Berlin 2002.

Evans, Patricia, *Worte, die wie Schläge sind. Verbale Misshandlungen in Beziehungen*, Reinbek 1997.

Faber, Adele/Mazlish, Elaine, *How to Talk So Kids Will Listen and Listen So Kids Will Talk*, New York 1999.

Gray, John, *Mars, Venus und Partnerschaft. Vertrautheit, Nähe und Liebe durch offene Kommunikation*, München 1998.

King, Larry/Gilbert, Bill, *How to Talk to Anyone, Anytime, Anywhere*, New York 1995.

Lieberman, David J., *Never Be Lied to Again: How to Get the Truth in 5 Minutes or Less in Any Conversation or Situation*, New York 1998.

McGraw, Phillip C., *SOS in der Liebe*, München 2001.

McKenna, Colleen, *Powerful Communication Skills: How to Communicate with Confidence*, Franklin Lakes 1998.

Nichols, Michael P., *Die wiederentdeckte Kunst des Zuhörens*, Stuttgart 2000.

Rosen, Mark, *Thank You for Being Such a Pain: Spiritual Guidance for Dealing With Difficult People*, Three Rivers 1998.

Stettner, Morey, *The Art of Winning Conversation*, Des Moines 1995.

Stettner, Morey, *The Art of Winning Conversation: Proven Communication Techniques for Personal and Professional Success*, Des Moines 1999.

Stone, Douglas/Patton, Bruce/Heen, Sheila, *Offen gesagt. Erfolgreich schwierige Gespräche meistern*, München 2001.

Tannen, Deborah, *Du kannst mich einfach nicht verstehen. Warum Männer und Frauen aneinander vorbeireden*, München 1999.

Tannen, Deborah, *Das hab' ich nicht gesagt. Kommunikationsprobleme im Alltag*, München 1999.

Vanzant, Iyanla, *Faith in the Valley*, New York 1998.

Erneuerung

Die ***Begleiter auf den 7 Wegen zur Effektivität*** stellen die Grundgedanken des bewährten Covey-Erfolgskonzeptes zu Zeit- und Lebensmanagement in einer neuen, innovativen Form vor: Die sorgfältig ausgewählte Sammlung provokativer Fragen, witziger Aphorismen und inspirierender Anekdoten zeigt neue Möglichkeiten auf, Kraft zuschöpfen und sich Zeit für die eigene Erneuerung zu nehmen.

Die kleine Covey-Bibliothek

Begleiter auf den 7 Wegen zur Effektivität

Erneuerung

Weg 7:
Die Säge schärfen

Aus dem Englischen von Wolfgang Ehle

FranklinCovey

Campus Verlag
Frankfurt/New York

Die amerikanische Originalausgabe erschien erstmals 1999 unter dem Titel »The Portable 7 Habits™. Renewal: Nourishing Body, Mind, Heart, and Soul« bei Franklin Covey Co.

Aus dem Englischen von Wolfgang Ehle

Die Deutsche Bibliothek – CIP-Einheitsaufnahme

Ein Titeldatensatz für diese Publikation ist bei
Der Deutschen Bibliothek erhältlich.
ISBN 3-593-37079-4

Umschlaggestaltung: Guido Klütsch, Köln
Satz: WHE Marketing Beratung, Neu-Isenburg
Illustration: Tammy Smith
Druck und Bindung: Druckhaus Beltz, Hemsbach
Gedruckt auf säurefreiem und chlorfrei gebleichtem Papier.
Printed in Germany

Inhalt

Haben Sie sich schon einmal bewusst gemacht, wie uns die Wunder des täglichen Lebens in Ehrfurcht versetzen? Wenn wir zu geschäftig sind, um ehrfürchtig innezuhalten, dann sind wir zu geschäftig zum Leben. Ehrfurcht bedeutet, einen kurzen Moment Atem zu holen und zu erkennen, dass wir Teil eines großen Universums sind.

Anne Wilson Schaef

Einführung

Ein positives Gefühl für sich selbst kommt nicht von ungefähr. Man kann nicht mit den Fingern schnippen und entscheiden, sich gut zu fühlen – es braucht schon eine bewusste Anstrengung. Für ein Leben in Balance müssen Sie sich Zeit für die eigene Erneuerung nehmen. Sie haben es selbst in der Hand: Sie können Ihre Kräfte durch Erholung erneuern. Oder Sie können bis zum Zusammenbruch weitermachen. Sie können sich körperlich und geistig verwöhnen. Oder Sie gehen durch Ihr Leben, ohne auf Ihr Wohlergehen zu achten. Sie können lebendige Energien verspüren. Oder Sie zaudern und verpassen die guten Seiten eines gesunden Lebens. Sie können sich selbst die Kraft geben, um einen neuen Tag in Frieden und Harmonie zu beginnen. Oder Sie erwachen morgens in apathischer Stimmung, ohne jede Antriebskraft. Denken Sie einfach daran, dass jeder Tag neue Möglichkeiten zur Erneuerung bietet. Neue Möglichkeiten, Kraft zu schöpfen und nicht nur gegen Wände anzurennen. Alles, was Sie dazu brauchen, ist ein wenig Zeit. Und natürlich die *Begleiter auf den 7 Wegen zur Effektivität*.

In diesem Band der Reihe *Begleiter auf den 7 Wegen zur Effektivität* haben wir ein bewährtes Prinzip des Konzeptes der *Sieben Wege zur Effektivität* von Stephen R. Covey vereinfacht dargestellt. *Erneuerung* soll Ihnen helfen, die Vorzüge eines ausgeglichenen und gelassenen Lebens zu erkennen.

In diesem Buch gibt es keine Anweisungen, denen man folgen muss. Keine Instruktionen. Keine Vorschriften. Und keine Formeln für den Erfolg. Stattdessen finden Sie eine Sammlung von anregenden Fragen, inspirierenden Zitaten und lehrreichen Anekdoten.

Wenn Sie jetzt umblättern, lesen Sie nicht nur mit dem Verstand – lesen Sie auch mit Ihrem Geist, mit Ihrer Seele! Denken Sie über das Gelesene nach. Erwägen Sie, ob und wie es Veränderungen in Ihr Leben bringen kann, wie es dazu beitragen kann, Ihren Geist und Ihren Körper fit zu halten. Erlauben Sie sich, das Beste aus sich zu machen. Beginnen Sie noch heute damit, Ihr Leben positiv zu gestalten, anstatt auf die Zukunft zu warten oder über die Vergangenheit zu jammern. Nehmen Sie sich Zeit für sich selbst, anstatt sich damit aufzureiben, allen anderen das geben zu wollen, was sie von Ihnen fordern.

Machen Sie es sich zur Gewohnheit,

die Säge zu schärfen.

Weg 7:
Die Säge schärfen

Sorgen Sie regelmäßig für die Erneuerung Ihres Selbst

Ausgewogenheit

Der 7. Weg heißt, sich Zeit zu nehmen, um die Säge zu schärfen ... Er betrifft Ihren persönlichen Produktionsfaktor, die Erhaltung und Mehrung Ihres wichtigsten Kapitals – und das sind Sie selbst. Dieser Weg dient der Erneuerung der vier Dimensionen Ihres Seins – der physischen, der spirituellen, der mentalen und der sozial/emotionalen ... Das ist die größte Einzelinvestition, die wir im Leben vornehmen können – in uns selbst zu investieren, in das einzige Instrument, das wir haben, um mit dem Leben umzugehen und etwas beizutragen.

Stephen R. Covey, Die sieben Wege zur Effektivität

Ausgewogenheit

ist der Schlüssel zum Erfolg in allen Bereichen. Vernachlässigen Sie weder Ihren Verstand noch Ihren Körper oder Ihren Geist. Investieren Sie gleichmäßig in alle Bereiche Zeit und Energie. Es wird die beste Investition sein, die Sie je getätigt haben – nicht nur für Ihr Leben, sondern auch für das, was folgen mag.

Tanya Wheway

Was können Sie tun, um ein ausgewogeneres Leben zu führen?

Der Mensch gleicht einem Haus mit vier Zimmern:

PHYSISCH
MENTAL
EMOTIONAL
SPIRITUELL

Solange wir nicht täglich jeden Raum betreten, und sei es nur, um ihn zu lüften, können wir keine vollständige Persönlichkeit sein.

Rumer Godden

Wenn Sie

5

Dinge auswählen könnten, um sich außerhalb Ihres Berufsalltags etwas Gutes zu tun: Was würden Sie wählen?

Deine Dornen sind das Beste an dir.

Marianne Moore

Bewerte dein Leben nicht anhand dessen, was du erreicht hast, egal, ob es trivial oder bedeutend ist. Wenn du das tust, wirst du immer auf der Suche nach neuen Zielen sein, anstatt die Gegenwart zufrieden und erfüllt zu genießen.

Wach auf

und erfreue dich lieber an allem, was dir am Wege begegnet: an den Blumen, die nur für dich blühen, an dem Sonnenaufgang, den kleinen Kindern, dem Lachen, dem Regen und den Vögeln. Nimm es in dich auf. Es führt kein Weg zum Glück, der Weg IST das Glück.

Wayne W. Dyer

Es muss mehr im Leben geben, als einfach nur alles zu haben.

Maurice Sendak

Sie müssen Tag für Tag, Jahr für Jahr lernen, Ihren Horizont zu erweitern. Je mehr Dinge Sie lieben, je mehr Sie interessiert, je mehr Freude Sie haben, je mehr Sie sich auch über Dinge entrüsten, desto mehr bleibt Ihnen am Ende davon.

Ethel Barrymore

Wer lacht, riskiert, als Narr dazustehen.

Wer weint, riskiert, sentimental zu wirken.

Wer auf andere zugeht, riskiert, involviert zu werden.

Wer seine Gefühle zeigt, riskiert, sein wahres Ich offen zu legen.

Wer seine Ideen und Träume anderen mitteilt, riskiert, sie zu verlieren.

Wer liebt, riskiert, nicht wiedergeliebt zu werden.

Wer lebt, riskiert, sterben zu müssen.

Wer glaubt, riskiert, in Verzweiflung zu enden.

Wer versucht, riskiert zu scheitern.

Aber man muss Risiken eingehen. Es ist die größte Gefahr im Leben, nichts zu riskieren. Wer nichts riskiert, mag Leid und Sorgen vermeiden, aber er lernt nichts, fühlt nichts, ändert nichts, wächst nicht, liebt nicht, lebt nicht.
Wer nichts riskiert, verhält sich wie ein Sklave, der seine Freiheit verloren hat.

Nur wer etwas riskiert, ist wirklich frei!

unbekannt

Sie müssen entscheiden, welches Ihre höchsten Prioritäten sind, und den Mut haben – selbstbewusst und mit einem vergnügten Lächeln – zu anderen Dingen Nein zu sagen. Dies können Sie am besten, wenn Sie tief in Ihrem Inneren ein großes Ja hell erleuchtet.

Der Feind des Besten ist oftmals das Gute.

Stephen R. Covey

Was
BELASTET
Ihr Leben?

Was raubt Ihnen nachts den Schlaf?

Von all den Urteilen, die wir in unserem Leben fällen, ist das Wichtigste dasjenige, das wir über uns selbst abgeben.

Nathaniel Brandon

GESUNDHEIT

Wahrscheinlich wird der größte Bonus der regelmäßigen Bewegung die Entwicklung Ihrer Muskeln für den 1. Weg der Pro-Aktivität sein. Wenn der Wert des physischen Wohlbefindens Ihr Handeln bestimmt, statt dass Sie auf all die Kräfte reagieren, die Sie von Sport abhalten, wird das zutiefst Ihr Paradigma von sich selbst, Ihre Selbstachtung, Ihr Selbstvertrauen und Ihre Integrität beeinflussen.

Stephen R. Covey, Die sieben Wege zur Effektivität

Gehe, laufe, radle, springe, tanze, schwimme, spiele!

Aber lass es nicht dabei bewenden. Trainiere auch dein Menschsein. Trainiere dein Selbstvertrauen. Tue es häufig und immer wieder. Übe dein Recht aus, mit Anstand behandelt zu werden, und hilf anderen, das Gleiche zu tun. Halte dein Gehirn fit, damit es nicht erschlafft: Setze dich mit einem Problem auseinander, löse ein Kreuzworträtsel, lerne eine neue Sprache. Oder noch besser: Lerne eine alte Sprache. Finde den Mörder vor dem Ende des Krimis. Trainiere dein Herz, aber nicht beim Treppensteigen. Fühle den Schmerz, wenn du jemanden liebst, der sich überhaupt nicht liebenswert zeigt. Trainiere deinen Herzmuskel, damit er sich weiter und länger öffnen kann. Übe deine Gefühle, indem du sie in Bewegung setzt. Kannst du noch weinen, wenn du etwas Rührendes siehst? Sind deine Lippen in der Lage, in ein breites Lächeln auszubrechen, wenn es etwas Entzückendes zu sehen gibt? Trainiere dein Menschsein – sonst verlernst du es.

Rachel Snyder

Was haben Sie als Kind besonders gern getan?

?

Eine starke Persönlichkeit entsteht nicht durch eine bestimmte Diät, durch ein bestimmtes Fitnessprogramm oder durch irgendwelche Rezepte oder gute Ideen anderer Leute. Sie entsteht durch das Vertrauen in die eigene Intuition und dadurch, **dass man seinen eigenen Weg verfolgt.**

Shakti Gawain

Dein Körper
wird dich mit einem
guten Gefühl belohnen,
wenn du ihm die Ehre
deiner Aufmerksamkeit
erweist.

Leute, die keine Zeit zur Erholung finden, werden früher oder später die Zeit für Krankheit aufbringen müssen.

John Wanamaker

Können Sie sich an Zeiten erinnern, in denen Sie

wirklich glücklich waren?

Wie hat es sich angefühlt?

Können Sie dieses Gefühl wieder erwecken?

Vergiss die Supermodels.

Wenn alle Leute so aussähen, wären sie nicht mehr super.

Vergiss die Schaufensterpuppen.

Das sind Kunstgeschöpfe aus der Fabrik. Sie kommen nicht aus dem Genpool, in dem es auch breite Hüften und wabbelige Arme gibt.

Sandy Weinstein

Viele Menschen glauben, sie hätten nicht genug Zeit für Sport. Was für ein verzerrtes Weltbild: Wir haben nicht die Zeit, es nicht zu tun! Wenn der Benzintank langsam leer wird, fährt man auch nicht einfach weiter und sagt: »Ich habe keine Zeit zum Tanken.«

Dein Körper ist ein Geschenk, so unvollkommen er auch sein mag. Also geh liebevoll mit ihm um.

Es geht nicht um Ihr Aussehen.
Es geht darum, dass Sie sich selbst täglich genügend Aufmerksamkeit schenken.
Immer und immer wieder!

Oprah Winfrey

Ich bin seit mindestens 20 Jahren permanent auf Diät. Ich habe insgesamt ungefähr 400 Kilo abgenommen. Wenn man das alles zusammenzählt, sollte ich eigentlich als Glücksbringer an einem Armband hängen.

Erma Bombeck

Herz

Wovon hängt unser Selbstwert ab? Er hängt nicht davon ab, was andere Menschen über uns denken oder wie sie uns behandeln. Er hängt auch nicht von den Ratgebern ab, die sie uns zum Lesen gegeben haben, und genauso wenig von unseren Lebensumständen oder unserer Position. Er hängt ab von einem klaren Weltbild und den richtigen Prinzipien, die tief in unserem Herzen und Verstand verankert sind. Er hängt von der Übereinstimmung unserer inneren und äußeren Welt ab, von einem integren Leben, in dem wir täglich unsere Wertvorstellungen umsetzen.

Stephen R. Covey, Die sieben Wege zur Effektivität

Lass mich dich in meinem Herzen bewahren, in meiner Seele und in meinen Träumen … lass mich dich erfahren mit meinen Sinnen ... denn dich zu lieben hat mir die Kraft zur Selbsterkenntnis gegeben.

Sharon Warren

Was können Sie heute tun,
um Ihre Zuneigung
zu zeigen?

Warte nicht länger auf den
Märchenprinzen.
Aschenputtel hat ihn schon!

Ilene Beckerman

Es gibt einen bestimmten Zeitpunkt, in dem man von der Feststellung »Ich bin derzeit Single« übergeht zur Formulierung »Ich bin Single«, und zwar, wenn man folgenden Ratschlag öfter als zweimal gehört hat: »Du musst wirklich da RAUS kommen!« Zunächst erscheint einem dieser Ratschlag durchaus sinnvoll. Man denkt: »Ja, stimmt eigentlich, das ist mein Problem, ich muss da raus.« Doch dann taucht die Frage auf: »Raus – wo heraus eigentlich?« Und natürlich können einem die Leute, die einem das geraten haben, nicht sagen, wo man RAUS soll. Sie haben keine Ahnung. Wahrscheinlich sind es die gleichen Leute, die einem sagen: »Eine Tür geht zu, eine andere geht auf.« Welche Tür sie wohl meinen? Das ist genau die Tür, durch die man RAUS kommt!

Merrill Markoe

Die wichtigste Zutat, die wir in eine Beziehung einbringen,
ist nicht, was wir sagen oder tun,
sondern **was wir sind.**

Stephen R. Covey

Wie können Sie Ihre

Beziehung

zu einem wichtigen Menschen

stärken?

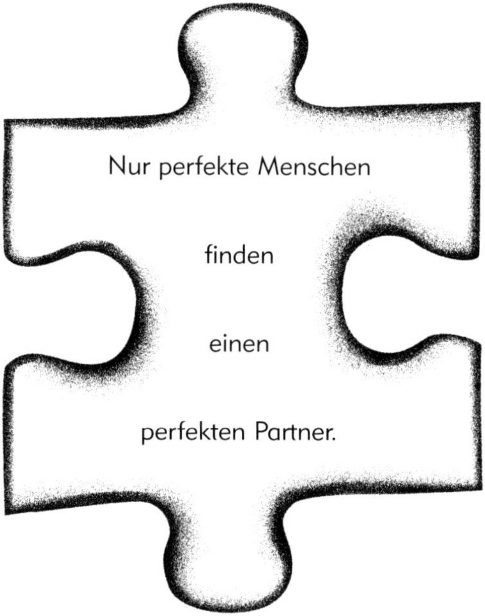

Beth Mende Conny

Ergreifen Sie die Initiative in Ihrer Beziehung!

Wenn Sie eine Frau sind und eine funktionierende Beziehung mit einem Mann haben, dann sollten Sie sich diesen Tipp unbedingt merken:

Erwarten Sie niemals, dass der Mann versteht, dass Sie beide eine »Beziehung« haben. Er wird das nie von sich aus realisieren. Sie müssen diesen Gedanken in sein Gehirn implantieren und ihn während alltäglicher Gespräche immer wieder ganz dezent einfließen lassen. Zum Beispiel so:

> **»Michael, könntest du mir bitte mal den Süßstoff geben, wo wir doch eine Beziehung haben?«**
>
> **»Wach auf, Michael! Es ist ein Einbrecher im Haus, und schließlich haben wir eine Beziehung!«**
>
> **»Gute Neuigkeiten, Michael! Mein Arzt sagt, wir werden bald ein viertes Kind bekommen – wenn das nicht ein Zeichen dafür ist, dass wir eine Beziehung miteinander haben!«**
>
> **»Michael, da unser Flieger wohl unwiderruflich in einer Minute abstürzt, möchte ich, dass du weißt, dass wir 35 wundervolle Jahre verheiratet waren und dass dies ganz klar bedeutet, dass wir eine Beziehung miteinander hatten.«**

Geben Sie nicht auf. Verfolgen Sie dieses Konzept gnadenlos; irgendwann wird es in seinem Hirn ankommen. Irgendwann beginnt er vielleicht sogar darüber nachzudenken. Er wird mit seinen Freunden über Frauen reden und plötzlich, aus heiterem Himmel, wird er sagen: »Hm, Susanne und ich, also wir haben ... ääh, wie soll ich sagen, wir haben diese Sache miteinander.« Und er wird es ehrlich meinen.

Dave Barry

Wenn Sie derjenige sind,
der im Umgang mit
anderen

immer Recht

hat, dann kann das der
Grund sein, warum Sie
nicht besonders viele
tiefgehende Beziehungen
haben.

Das Beziehungskonto

Menschliche Beziehungen entwickeln sich nicht wie der Schimmel auf dem Weichkäse. Sie erfordern ein konstantes Bemühen. Jede Beziehung ist wie ein Bankkonto: Die Qualität einer Beziehung hängt davon ab, was man in sie einbringt. Versprechen halten, höflich und freundlich sein, Hilfe anbieten, zuhören und sich Zeit für den anderen nehmen – das sind einige der Dinge, die man auf sein Konto einzahlen sollte. Es gibt natürlich auch Dinge, die von dem Konto abgebucht werden. Die sollte man möglichst klein halten. Lassen Sie Ihr Beziehungskonto wachsen, und Sie werden von den Zinsen, von tieferen, bedeutsameren Beziehungen profitieren.

Wohin führt Sie Ihr Herz?

INSPIRATION

Je mehr wir uns bemühen, die unerkannten Potenziale unserer Mitmenschen zu sehen, desto eher können wir uns von unserer autobiografischen Sicht verabschieden und mit unserem Vorstellungsvermögen »sehen« – wir sehen unseren Partner, die Kindern, die Kollegen und die Mitarbeiter anders. Wir können das Schubladendenken ablegen und die Menschen immer wieder auf eine neue Weise betrachten. Wir können ihnen dabei helfen, unabhängige, erfüllte Wesen zu werden, die selbst in der Lage sind, eine befriedigende, bereichernde und produktive Beziehung mit anderen einzugehen.

Stephen R. Covey, Die sieben Wege zur Effektivität

Inspiration ist das aufmerksame Hören auf die Weisheit unserer inneren Stimme.

Anne Wilson Schaef

Inspiration lässt sich nicht erzwingen.

Manchmal kommt sie wie ein Blitz aus heiterem Himmel, manchmal erscheint sie überhaupt nicht. Es gibt aber auch Zeiten, da können wir sie hervorlocken, indem wir unseren Gedanken freien Lauf lassen – bei guter Musik, in einem schönen Garten, beim Meditieren, beim Lesen, in einer neuen Umgebung oder im Umgang mit positiven, leidenschaftlichen und kreativen Menschen.

Tanya Wheway

Behandle andere so, wie sie behandelt werden möchten – und nicht, wie du behandelt werden möchtest.

Was inspiriert Sie?

Wenn

du in Kontakt mit deinem höheren Ich gestanden hast,

dein Mantra perfektioniert,

mit deinem inneren Kind gespielt,

deine früheren Leben wiedererlebt hast,

wiedergeboren wurdest,

bewusst atmen gelernt hast,

den Urschrei herausgelassen,

deine Seele bloßgelegt hast

und über glühende Kohlen gegangen bist, um auf eine

höhere Bewusstseinsebene zu kommen –

dann ist es Zeit für einen Realitätscheck.

Irgendwo gibt es bestimmt ein Zwölf-Punkte-Programm für

Selbsthilfe-Abhängige.

Welche Erinnerungen an Ihre Vorfahren können Sie an Ihre Kinder weitergeben? Was tun Sie dafür, dass sich Ihre Familie später an Sie erinnern wird?

Was macht Ihr Leben

lebenswert?

Sei stets bereit,

den ersten Schritt zu machen, so klein er auch sein mag. Konzentriere dich auf die Tatsache, dass du dazulernen willst. Dann werden unglaubliche Wunder geschehen.

Louise L. Hay

Wenn du dein Leben nicht bewusst erlebst, wirst du keine neuen Lösungen finden. Jeder Antrieb, jeder Fortschritt ist aus Unzufriedenheit entstanden, nicht aus Gleichmut. Es war nicht so, dass jemand gesagt hätte: »Alles ist perfekt – nun lasst uns das Feuer erfinden.«

Fran Lebowitz

Freundlichkeit

Innere Sicherheit und Selbstwert gewinnt man aus dem Dienen, aus dem Gefühl anderen sinnvoll zu helfen. Eine wichtige Quelle ist Ihre Arbeit, wenn Sie dort wirklich kreativ zu etwas beitragen können, etwas verändern können. Eine andere Quelle kann das anonyme Dienen sein: Niemand weiß davon und niemand muss es wissen, darum geht es nicht. Es geht darum, anderen etwas Gutes zu tun. Das Motiv ist die positive Wirkung, nicht die Anerkennung dafür.

Stephen R. Covey, Die sieben Wege zur Effektivität

Freundliche Worte können kurz und einfach sein,
aber ihr Echo hallt noch lange nach.

Mutter Teresa

Welche gute Tat
können Sie **täglich**
vollbringen?

Meine Religion
ist sehr einfach:
Meine Religion
ist die Freundlichkeit.

Dalai Lama

Es gibt im Leben eines Menschen

drei wichtige Dinge:

Das erste ist,

freundlich zu sein,

das zweite ist,

freundlich zu sein,

das dritte ist,

freundlich zu sein.

Henry James

Ich wollte einen perfekten Schlusssatz.

Inzwischen habe ich lernen müssen, dass es Gedichte gibt, die sich partout nicht reimen, dass es Geschichten ohne klaren Anfang, Hauptteil und Schluss gibt. Leben bedeutet, nichts zu wissen, sich zu verändern, den Moment zu akzeptieren und das Beste daraus zu machen, ohne zu ahnen, was als Nächstes kommt. Diese wundervolle Mehrdeutigkeit!

Gilda Radner

Lasst uns den Menschen, die uns glücklich machen, dankbar sein. Sie sind die freundlichen Gärtner, die unsere Seelen zum Erblühen bringen.

Marcel Proust

Wann haben Sie das letzte Mal einer Person wirklich zugehört und sich für sie interessiert?

Das Leben lässt sich gerne an die Hand nehmen und sich sagen: »Ich bin bei dir, Kleines, lass uns losgehen!«

Maya Angelou

Feindseligkeit zehrt dich auf.

Freundlichkeit aber stärkt dich.

VERSTAND

Bildung, also fortwährendes Lernen und Erweitern des Horizonts, ist unerlässlich für die mentale Erneuerung. Manchmal braucht es dazu die Disziplin einer Schulklasse oder eines systematischen Studiums, meistens ist das aber nicht der Fall. Pro-aktive Menschen können viele Wege der Weiterbildung finden. Es fördert den Verstand ungemein, einen Schritt beiseite zu treten und das eigene Leben und Verhalten aus der Distanz zu bewerten. Das bedeutet für mich Erziehung zur Freiheit – zur Fähigkeit, den eigenen Lebensentwurf im Verhältnis zu größeren Fragen, Zielen und anderen Paradigmen zu überprüfen.

Stephen R. Covey, Die sieben Wege zur Effektivität

Letztlich kann jeder unser Lehrer sein: Freunde, Familie, ein Fremder auf der Straße. Jede Erfahrung ist eine Herausforderung, in der eine Lehre versteckt ist. Jeder Gedanke, der in uns aufblitzt, kann uns Dinge **über uns selbst** lehren – wenn wir lernfähig sind.

David A. Cooper

Wann sind Sie zum letzten Mal wirklich in sich gegangen?

Ich lerne,

indem ich dorthin gehe, wohin ich gehen muss.

Theodore Roethke

Höre nie auf, über die Welt nachzudenken.

Nutze deinen Verstand, so sehr du kannst. Das Leben verläuft rasch, und gegen Ende wird es immer schneller – geradeso wie ein Zug, der bergab fährt. Je mehr du verstehst, desto mehr kannst du dich und andere bereichern.

Susan Trott

Irgendwann wirst du den Unterschied verstehen, ob man mit jemandem Händchen hält oder ob man seine Seele an die Kette legt.
Du wirst verstehen, dass Liebe nicht gleichbedeutend mit Sicherheit ist.
Du wirst verstehen, dass Küsse keine Verträge sind und Geschenke keine Versprechen.
Du wirst lernen, Niederlagen erhobenen Hauptes und mit offenen Augen hinzunehmen – mit der aufrechten Haltung eines Erwachsenen und nicht mit dem Gejammer eines Kindes.
Du wirst lernen, heute loszugehen, denn morgen kann der Weg schon unsicher sein. Nach einer Weile wirst du wissen, dass zu viel Sonnenschein dich verbrennen kann.
Du wirst deinen eigenen Garten anlegen und ihn mit deiner Seele schmücken, anstatt darauf zu warten, dass dir jemand Blumen bringt.
Du wirst lernen, zu überdauern, du wirst erkennen, dass du etwas Besonderes bist und einen eigenen Wert hast. Lebe, um zu lernen und um dich selbst zu erkennen.

Währenddessen wirst du lernen zu leben.

unbekannt

Was versorgt Ihren Geist,

Ihren Verstand,

Ihr Herz

und Ihren Körper mit Energie

Ich finde, wenn etwas getan werden muss, dann sollte man es anpacken. Man sollte es nicht in die Hände des Schicksals geben oder in die Hände jemandes, der einen nicht kennt. Man selbst kennt sich am besten.

Also hole tief Atem und fang an.

Sofortmaßnahmen, wenn Sie glauben, den Verstand zu verlieren

Die Sauerstoffzufuhr erhöhen

Konzentriertes Atmen hilft bei der Steuerung der physischen Symptome von Stress. Drücken Sie die Zunge gegen den Gaumen, atmen Sie tief durch die Nase ein und lassen Sie die Luft hinunter in den Bauch strömen, bis er kugelrund wird. Dann atmen Sie langsam wieder durch Mund oder Nase aus. Wiederholen Sie dies drei Mal. Das lockert und beruhigt.

Überprüfen Sie Ihre Perspektiven

Betrachten Sie Ihre Gesamtsituation und fragen Sie sich: Wird mich dieses Problem auch noch in einem Monat beschäftigen? In einem Jahr? Wenn Sie schon die Nerven verlieren, dann sollten Sie sicher sein, dass es die Sache wert ist. Wenn Ihnen der Grund für Ihren Stress plötzlich lächerlich erscheint, lachen Sie!

Entscheiden Sie sich für eine Reaktion

Entscheiden Sie sich für ein angemessenes und produktives Gefühl: Wut, Mut, Humor, Mitleid, Trauer, was auch immer. Ein Gefühl ist eine gute Sache, solange Sie es unter Kontrolle haben und die Situation mit etwas Geschick steuern.

Warum sollten Sie nicht?

zeichnen lernen

eine neue Zeitschrift abonnieren

delegieren

Tagebuch führen

ein Hobby beginnen

ehrenamtlich arbeiten

sich beherrschen lernen

einem Schachclub beitreten

ein Kreuzworträtselbuch kaufen

auf dem Weg zur Arbeit das Radio abstellen

einen Kurs besuchen

am Nachmittag spazieren gehen, um Ihre Gedanken aufzufrischen

eine Fremdsprache lernen

einem Buchclub beitreten

Möbel restaurieren lernen

das Fahrrad reparieren

Vögel beobachten

fotografieren lernen

Visualisierungs-Kurse probieren

beruhigende Musik hören

Können Sie sich daran erinnern, wie Sie als Kind am Strand Muscheln gesucht haben? Oder an Ihre ersten Seifenblasen? Was könnte Ihnen heute genau solche Freude bereiten?

Was ist Ihre Vision?

Erneuerung

Ausgewogene Erneuerung ist optimal synergetisch. Was Sie in irgendeiner Dimension tun, um die Säge zu schärfen, hat positiven Einfluss auf die anderen, da sie stark miteinander verbunden sind. Ihre physische Gesundheit hat Auswirkungen auf Ihre mentale Gesundheit; Ihre spirituelle Kraft beeinflusst Ihre sozial/emotionale Kraft. Wenn Sie sich in einer Dimension verbessern, steigern Sie auch Ihre Fähigkeiten in den anderen Dimensionen.

Stephen R. Covey, Die sieben Wege zur Effektivität

Die Säge schärfen

Sie laufen durch den Wald und treffen auf einen Mann, der fieberhaft daran arbeitet, einen Baum umzusägen.

»Was machen Sie da?«, fragen Sie.

»Das sehen Sie doch«, antwortet er ungeduldig.
»Ich säge an diesem Baum.«

»Sie sehen aber ziemlich erschöpft aus!
Wie lange sind Sie denn schon zugange?«

»Über fünf Stunden«, sagt er, »und ich bin k.o.!
Dies ist harte Arbeit.«

»Warum machen Sie dann nicht ein paar Minuten Pause und schärfen die Säge neu? Ich bin sicher, dass es dann viel schneller ginge.«

»Ich habe keine Zeit, die Säge zu schärfen«,
sagt der Mann empathisch.
»Ich bin zu sehr mit dem Sägen beschäftigt.«

Stephen R. Covey

Es tut wirklich gut,

sich selbst hin und wieder mal zu verwöhnen. Es erhöht den Endorphin-Ausstoß und gibt Befriedigung. Man muss ja nicht gleich alle Selbstdisziplin fahren lassen. Entspannen Sie einfach ein wenig. Verwöhnen muss ja nicht heißen, dass alle Dämme brechen. Das Glücksgefühl kommt mit der Ausgewogenheit, nicht davon, dass Sie sich etwas versagen.

In meinem Inneren gibt es einen Ort nur für mich allein.
Dort erneuert sich die innere Quelle, die niemals versiegt.

Pearl S. Buck

Das Prinzip und der Prozess der Erneuerung geben uns die Kraft, uns weiterzubewegen auf einer aufwärts gerichteten Spirale von Wachstum und Veränderung, von kontinuierlichen

Fortschritten.

Stephen R. Covey

Ihr Selbsterneuerungs-Plan

Fangen Sie klein an. Beginnen Sie mit einer Tätigkeit, die Ihnen großen Spaß macht und keine zu hohen Anforderungen stellt.

Bleiben Sie dran. Setzen Sie jede erfolgreiche Aktivität fort, die Sie bereits für Ihre Erneuerung unternehmen.

Lassen Sie sich Zeit. Spielen Sie mit verschiedenen Ideen, bis Sie die geeignete Kombination für Ihre Zwecke gefunden haben.

Übernehmen Sie sich nicht. Ihre tägliche Erneuerung sollte Sie nicht so einspannen, dass Sie erschöpft anstatt belebt werden.

Seien Sie flexibel. Kaum ein Plan funktioniert immer. Richten Sie sich darauf ein, Ihren Plan zu verändern und Ihre Tätigkeiten an veränderte Umstände anzupassen.

Seien Sie selbstbewusst. Ihre Vorlieben und Abneigungen und Ihr persönlicher Stil helfen Ihnen bei der Planung von Aktivitäten und Tätigkeiten, die das größte Erneuerungs-Potenzial bergen.

Was wollen Sie erreichen?

Sind Sie bereit, Ihre bisherigen Spielregeln zu ändern?

Fünf Schritte zur inneren Erneuerung

Erinnern

Verschüttet unter den Erfahrungen langer Jahre liegen die Erinnerungen an einen Traum, einen vergessenen Wunsch, eine einfache Laune. Greifen Sie diese Erinnerungen auf und setzen Sie sie jetzt um.

Erschaffen

Oft haben wir eine Scheu, unsere verletzlichen Gedanken und Gefühle Gestalt annehmen zu lassen. Erschaffen Sie etwas – und wenn es ein Bild mit den alten Wachsmalstiften ist.

Annehmen

Wir können nur das besitzen, wofür wir uns auch entschieden haben. Entdecken Sie, was das Besondere an dem ist, was Sie gerade glücklich macht. Ob es ein Sonnenuntergang, ein blühender Garten oder Ihre Lieblingsmelodie ist – erlauben Sie sich, dieses Geschenk vollkommen anzunehmen.

Wünschen

Wenn Sie niemals Durst verspüren würden, wäre Ihr Körper irgendwann vertrocknet. Sie sollten Ihre inneren Wünsche genauso beachten wie den Durst. Welche sind es? Was brauchen Sie? Hören Sie auf sich selbst. Finden Sie einen Weg, Ihren Wunsch zu befriedigen. Dann hören Sie auf den nächsten Wunsch. Wünsche zu erfüllen bedeutet, Ihrer Seele Nahrung zu geben.

Benötigen

Wir vernachlässigen unsere Bedürfnisse genauso wie unsere Wünsche. Ein Bedürfnis wiegt noch schwerer als ein Wunsch. Wenn Sie eine Pause benötigen, nehmen Sie sie sich. Wenn Sie lachen wollen, sorgen Sie für eine Gelegenheit. Wenn Sie Liebe brauchen, lassen Sie sie wachsen.

Versteh mich bitte nicht falsch: Du kannst nach allem schreien, was du willst. Aber erwarte nicht, alles in diesem Leben zu bekommen. Egal, wie viel Geschrei du machst, wie du um dich schlägst und wie weit du in dein Inneres vordringst, du wirst niemals im Leben alles erfahren. Die Einzigen, die die Ganzheit erfahren, sind tot. **Möchtest du tot sein?**

Barbara Graham

Im Leben

geht nicht immer alles »richtig«. So sehr wir es auch anstreben: Mittendrin sterben wir, verlieren ein Bein, verlieben uns oder lassen ein Glas Eingemachtes fallen.

Natalie Goldberg

Wenn du das Gefühl hast, nicht mehr verliebt zu sein, dann bemühe dich, stärker zu lieben.

Frank Pittman III

Einkehr

Ein fernöstlicher Zen-Meister, der in jeder Situation eine große Gelassenheit und Frieden ausstrahlte, wurde einmal gefragt: »Wie könnt Ihr nur immer so gelassen und friedlich bleiben?« Er antwortete: »Ich verlasse niemals den Platz, an dem ich meditiere.« Er meditierte früh am Morgen und trug den ganzen Tag über den Frieden dieser Augenblicke in seinem Verstand und in seinem Herzen.

Stephen R. Covey, Die sieben Wege zur Effektivität

Ihr persönlicher Ort der Einkehr

Ist Ihre Wohnung wirklich ein Ort der Einkehr oder eher eine lästige Erinnerung daran, dass der Teppich mal wieder gesaugt werden müsste? Hier sind einige Ratschläge, die Ihre Wohnung zu einem Zuhause machen:

Leisten Sie sich hin und wieder ein paar frische Blumen.
Blumen erhellen jeden Raum und können wunderbar duften. Selbst ein Strauß Gänseblümchen kann eine entspannte Stimmung verbreiten.

Legen Sie gute Musik auf.
Sie kann Ihre Stimmung verändern, beruhigen und neu ausrichten.

Richten Sie eine Ablage ein.
Darin sammeln Sie alles, was Sie später noch sichten möchten. Ein aufgeräumter Raum fördert friedvolle Stimmung.

Probieren Sie Aromatherapie aus.
Duftkerzen, Kissen, Öle oder Sprays sind überall zu haben. Ein guter Duft kann sehr erholsam sein.

Nutzen Sie die Kraft lebender Pflanzen.
Zimmerpflanzen können die Hautfeuchtigkeit beeinflussen, den Blutdruck senken und die Schadstoffe im Zimmer binden. Und sie sehen hübsch aus.

Am liebsten gehe ich an Orte,
an denen ich noch niemals war.

Diane Arbus

Alleinsein ist wichtig,

nicht nur für die Seele des Malers oder Dichters, der erst in der Einsamkeit kreativ wird. Auch für uns, deren Leinwand unser eigenes Leben ist.

Sue Halpern

In dir liegt eine Stille verborgen, ein Heiligtum, in das du dich jederzeit zurückziehen und du selbst sein kannst.

Hermann Hesse

Zu viel laute Musik.
Zu viel Fett.
Zu viele Witze.
Nicht genug Meditation.

Allen Ginsberg

Wenn Sie sich einen ganz persönlichen

Raum zum Zurückziehen

schaffen könnten – wie sähe er aus?

Wozu würden Sie ihn nutzen?

Kommst
du raus
und spielst
mit?

Das gemeinsame Erleben von Freude, ob physisch, emotional, psychisch oder intellektuell, baut eine Brücke zwischen den Beteiligten, die eine Basis für das Verständnis dessen sein kann, was sie trennt, und so die Bedrohlichkeit des Andersseins mildert.

Audre Lorde

Nutze die kleinen Fluchten:

ein Eis

lachen

ein heißes Bad

ein guter Film

barfuß gehen

eine Umarmung

ein Baby küssen

ein Blatt

Kerzenlicht

Die einfachen Dinge

Ich glaube, dass eine integre Lebensführung die fundamentale Quelle des Selbstwertgefühls ist. Ich glaube nicht an die populäre Erfolgsliteratur, die behauptet, Selbstachtung hinge in erster Linie von der Einstellung und Haltung ab, dass man sich sozusagen selbst zur Gelassenheit therapieren kann. Gelassenheit stellt sich nur dann ein, wenn man sein Leben in Einklang mit den wahren Prinzipien und Werten gebracht hat – und niemals sonst.

Stephen R. Covey, Die sieben Wege zur Effektivität

F E I E R N

Sie den Alltag.

Was ist nur passiert, dass wir nicht mehr innehalten und an den Rosen schnuppern?

Duke springt früh um sieben aus dem Bett und gibt mir einen flüchtigen Abschiedskuss: »Ich muss mich beeilen, ich habe ein Frühstücks-Meeting.«

»Kannst du dich noch an die Zeiten erinnern, wo wir die Frühstücks-Meetings im Bett hatten?«, frage ich wehmütig.

»Ich rufe dich an«, verspricht er. Und er ruft an. Aber ich bin im Fitnessstudio. Und als ich ihn zurückrufe, ist er in einer Besprechung. Danach habe ich ein Interview. Und dann hat er ein wichtiges Gespräch auf der anderen Leitung. Und so geht das weiter. Liebe in Zeiten der Warteschleife.

Margo Kaufman

4 einfache Wege zu einem zufriedeneren Leben

Planen Sie täglich eine Auszeit ein.
Führen Sie ein Tagebuch oder nehmen Sie ein Bad, bevor Sie ins Bett gehen. Denken Sie daran: Nicht alles zu tun ist in Ordnung – es ist sogar wichtig.

Stellen Sie einen Plan auf, um Ihre überzogenen Konten auszugleichen.
Ja, das geht! Verbannen Sie alle Kreditkarten bis auf höchstens zwei – eine für geschäftliche und eine für private Angelegenheiten.

Verbringen Sie einen Abend pro Woche ohne Fernsehen.
Sie werden überrascht sein, wie viel Zeit Sie plötzlich haben. Sie könnten es zur Gewohnheit werden lassen!

Seien Sie kein Sklave Ihres Telefons.
Lassen Sie den Anrufbeantworter eingeschaltet. Wer etwas wirklich Wichtiges will, wird eine Nachricht hinterlassen. Wenn Sie mit Marktforschungsumfragen belästigt werden, bestehen Sie darauf, dass Ihre Nummer von der Liste gestrichen wird.

Wovon könnten Sie weniger tun?

Wovon mehr?

Leben ist das, was dir passiert,
während du damit beschäftigt
bist, Pläne zu machen.

John Lennon

Was ist das Leben?

Es ist das Blinken des Glühwürmchens in der Nacht. Es ist der Atem des Büffels im Winter. Es ist der kleine Schatten, der über das Gras läuft und sich in der Sonne verliert.

Crowfoot

Was verkompliziert Ihr Leben
gerade jetzt?
Wie können Sie es einfacher
machen?

Vereinfachen

bedeutet nicht, alles wegzuwerfen, wofür man hart gearbeitet hat. Es geht darum, klug unter den Dingen zu wählen, die man besitzt. Der Versuch, alles haben zu wollen, hindert einen daran, sich an jenen Dingen zu erfreuen, die für Glück und Wohlergehen wichtig sind. Es geht um die Entscheidung für die wichtigen Dinge und das dankbare Loslassen der unwichtigen. Ein einfaches Leben beginnt nicht damit, dass man aufs Land zieht und die schmutzige Wäsche heim zu Muttern schickt. Wichtig ist, das Leben genau dort zu vereinfachen, wo man gerade ist. Dazu muss man lernen, die Routinearbeiten und all die anderen selbst auferlegten Pflichten abzubauen, damit man endlich das tun kann, was wir alle uns im Inneren wünschen: unseren Beitrag zu leisten in der Familie, in der Gemeinschaft, in der Umwelt, in unserer Welt.

Elaine St. James

Sagen Sie immer

JA,

wenn Sie eigentlich

NEIN

sagen wollen

?

Wenn Sie öfter bewusst einen Gang zurückschalten, dann werden Sie irgendwann entdecken, dass Ihr Unterbewusstsein auf genau jene Dinge achtet, die Sie gerade nicht sehen wollten.

Ich habe endlich herausgefunden, wozu man am Leben ist:
um es zu **genießen!**

Rita Mae Brown

Seele

Die spirituelle Dimension ist Ihr Kern, Ihr Zentrum, Ihr Bestimmen des eigenen Wertesystems. Dies ist ein sehr privater und äußerst wichtiger Lebensbereich. Er zapft die Quellen an, die Sie inspirieren und erheben, und verbindet Sie mit den zeitlosen Wahrheiten der gesamten Menschheit.

Stephen R. Covey, Die sieben Wege zur Effektivität

Die Seele wurde dem Körper nicht eingehaucht, um stillzuhalten.

John Webster

Wir sind nur so stark wie unsere Ziele.

Ist Ihr Ziel mehr Geld oder ein größeres Haus? Oder ein attraktiver Partner? Ist es Ihr Ziel, Ihre Meinungen anderen überzustülpen? Dies alles sind Ziele von Menschen, die nur ihre Ansprüche befriedigen wollen. Suchen Sie nach Perfektion, nach der Schönheit und Hingabe der Seele? Ist es Ihr Bestreben, zu vergeben und Demut zu üben? Das sind die Ziele von wirklich starken Persönlichkeiten!

Gary Zukav

Vielleicht gehen Sie umher und fragen sich: »Es muss da irgendeinen höheren Sinn im Leben anderer Leute geben, den ich für mich selbst noch nie entdeckt habe. Ich sehe es an ihren Gesichtern, aber ich kann es nicht greifen.« Sie werden diese Erklärung sicher nicht mögen, aber denken Sie mal zurück an Ihre Schulzeit, als Sie die Grippe hatten. Als Sie nach einer Woche wieder in die Schule kamen, sahen alle Klassenkameraden verändert aus. Die Klasse hatte nämlich einen indischen Guru besucht, und der hatte ihnen die ganze Welt auf seine Art erklärt – und danach waren sie Eis essen gegangen.

Stephanie Brush

Auch der Gedanke einer Möglichkeit kann uns erschüttern und umgestalten.

Friedrich Nietzsche

Wem oder was fühlen Sie sich verpflichtet?

Sicherheit ist der unsicherste Pfad zur Spiritualität, den man nehmen kann. Sicherheit macht taub und stumpf. Die Menschen werden von ihrer Todesstunde überrascht, weil sie sich zu wenig Zeit zum Leben erlaubt haben.

Stephen Levine

Was ist IHR einmaliger Daseinszweck auf Erden?

Welchen dieser Aussagen können Sie uneingeschränkt zustimmen?

- ❑ Ich habe meine Werte und meinen Glauben definiert. Und ich plane und lebe danach.
- ❑ Ich habe klare Ziele. Ich vertraue auf diese Vision und sie gibt meinem Leben Sinn.
- ❑ Ich finde täglich Erneuerung durch Meditation, Gebet, Studium oder Reflexion.
- ❑ Ich bin oft in der Natur, in der Kirche, Kapelle, Synagoge oder wo ich sonst spirituelle Erneuerung finde.
- ❑ Mein Herz ist offen für die Wahrheit.
- ❑ Ich kann meinen Standpunkt vertreten oder die Wahrheit beim Namen nennen, auch wenn andere gegen mich sind.
- ❑ Ich tue anderen gerne einen Gefallen, ohne dafür irgendetwas zu erwarten.
- ❑ Ich weiß, welche Dinge des Lebens ich ändern kann und welche nicht. Von letzteren lasse ich mich nicht beherrschen.
- ❑ Ich kann mich einer Inspiration von außen öffnen, wenn es notwendig ist.

Beinahe jedes intensive Gefühl kann Ihr inneres Auge für die Schönheit der Gegenwart öffnen. Bei einigen Menschen passiert es, wenn sie verliebt sind, bei anderen sind die Schönheiten der Natur oder das Hochgefühl einer künstlerischen Leistung die Auslöser. Wahrscheinlich kann jede große Erfahrung unsere Seele dazu bringen, sich auf die Zehenspitzen zu stellen, um uns eine Ahnung davon zu vermitteln, welche kostbare Schönheit uns immerwährend umgibt und dass wir leider zu oft zu klein sind, um diese wirklich zu empfangen.

Margeret Prescott Montague

Haben Sie Geduld mit sich selbst. Die Entwicklung Ihrer Persönlichkeit ist anspruchsvoll, sie ist heilig.

Stephen R. Covey

Wie man es auch dreht und wendet: Je stärker wir werden, umso mehr wächst unsere Ausstrahlung und wir können die Welt positiv beeinflussen. Je mehr Glück wir der Welt bringen, desto besser für alle. Glück (oder Liebe) ist der Universalschlüssel für jede Tür des menschlichen Zusammenlebens.

Glückliche Menschen schaffen Glück. Es ist die ansteckendste Energie auf Erden.

Dan Millman

Über Franklin Covey

Franklin Covey ist die größte Gesellschaft für Zeitmanagement- und Persönlichkeitsentwicklung der Welt. Unser Service und unsere Produkte, die auf erprobten Prinzipien basieren, werden von mehr als 15 Millionen Menschen weltweit genutzt. Wir arbeiten mit einer Vielzahl von Kunden, sehr großen wie auch kleineren Unternehmen, Gemeinschaften und Organisationen. Sie kennen uns vielleicht durch unseren weltbekannten Franklin Planner oder eines unserer Bücher über die sieben Wege. Übrigens wurden mehr als 15 Millionen der Franklin Covey-Bücher weltweit verkauft – mehr als 1,5 Millionen pro Jahr. Aber vielleicht wissen Sie noch nicht, dass Franklin Covey auch Training für Unternehmensführung, Motivations-Workshops, persönliches Training, Audio- und Videoaufnahmen sowie das *Priorities Magazine* anbietet, um nur einige Tätigkeitsfelder zu nennen.

Sagen Sie uns Ihre Meinung

Wir würden gern Ihre Vorschläge oder Kommentare über *Erneuerung* hören.

www.franklincovey.com/portable7

The Portable 7 Habits
Franklin Covey
MS0733-CK
220 West Parkway Boulevard
Salt Lake City, Utah 84119-2331
USA

www.franklincoveyeurope.com

Franklin Covey Europe
Grimsbury Manor
Grimsbury Green
Banbury
Oxfordshire OX16 3JQ
United Kingdom

Quellen

Literatur

Alexander, Jane, *Der Geist des harmonischen Hauses. Ihr Zuhause als Ort der Inspiration und Regeneration*, München 1999.

Andes, Karen, *A Woman's Book of Strength: An Empowering Guide to Total Mind/Body Fitness*, New York 1995.

Beattie, Melody, *Unabhängig sein. Jenseits der Sucht, gebraucht zu werden*, München 1995.

Borysenko, Joan, *Ein Wunder täglich. Gebete, Meditationen und Affirmationen für das ganze Jahr*, Freiburg 1996.

Cameron, Julia, *Der Weg des Künstlers. Ein spiritueller Pfad zur Aktivierung unserer Kreativität*, München 2000.

Carlson, Richard, *Reg dich nicht auf. Schwarze Ausgabe. Das Buch für alle, die ausgeglichen und entspannt leben wollen*, München 1999.

Carlson, Richard/Dyer, Wayne, *You Can Be Happy No Matter What: Five Principles for Keeping Life in Perspective*, Novato 1997.

Chödrön, Pema, *Beginne, wo du bist. Eine Anleitung zum mitfühlenden Leben*, Braunschweig 2000.

Covey, Stephen R., *Die sieben Wege zur Effektivität. Ein Konzept zur Meisterung Ihres beruflichen und privaten Lebens*, Frankfurt/New York 2000.

Covey, Stephen R., *Der Weg zum Wesentlichen. Zeitmanagement der vierten Generation*, Frankfurt/New York 1997.

Csikszentmihaly, Mihaly, *Die außergewöhnliche Erfahrung im Alltag. Die Psychologie des flow-Erlebnisses*, Stuttgart 1995.

Hay, Louise L., *101 Ways to Happiness*, Carlsbad 1998.

Richardson, Cheryl, *Take Time for Your Life: A Personal Coach's Seven-Step Program for Creating the Life You Want*, New York 1998.

Sher, Barbara, *It's Only Too Late if You Don't Start Now: How to Create Your Second Life after Forty*, New York 1998.

Sher, Barbara/Smith, Barbara, *I Could Do Anything If I Only Knew What It Was: How to Discover What You Really Want and How to Get It*, New York 1995.

St. James, Elaine, *In Einfachheit leben. 100 Schritte zu mehr Lebensfreude*, München 1998.

Zukav, Gary, *Der Sitz der Seele*, Ravensburg 2000.

DIE KLEINE COVEY-BIBLIOTHEK

BEGLEITER AUF DEN 7 WEGEN ZUR EFFEKTIVITÄT

Kreativität

WEG 6:

SYNERGIE ERZEUGEN

Aus dem Englischen von Wolfgang Ehle

FranklinCovey

Campus Verlag
Frankfurt/New York

Die amerikanische Originalausgabe erschien erstmals 1999 unter dem Titel
»The Portable 7 Habits™. Synergy: Connecting to the Power of Cooperation«
bei Franklin Covey Co.

Aus dem Englischen von Wolfgang Ehle

Die Deutsche Bibliothek – CIP-Einheitsaufnahme

Ein Titeldatensatz für diese Publikation ist bei
Der Deutschen Bibliothek erhältlich.
ISBN 3-593-37079-4

Umschlaggestaltung: Guido Klütsch, Köln
Satz: WHE Marketing Beratung, Neu-Isenburg
Illustration: Tammy Smith
Druck und Bindung: Druckhaus Beltz, Hemsbach
Gedruckt auf säurefreiem und chlorfrei gebleichtem Papier.
Printed in Germany

Inhalt

Alle Dinge stehen miteinander in Verbindung. Was immer der Erde widerfährt, widerfährt auch den Söhnen der Erde. Der Mensch hat das Netz des Lebens nicht geknüpft, er ist nur eine Masche darin. Was immer er dem Netz antut, das tut er auch sich selbst an.

Häuptling Seattle

Einführung

Wenn wir eine globale Gesellschaft wollen, die synergistisch zusammenlebt, müssen wir die Kraft und die Wirkung der Vielfalt anerkennen. Wir müssen uns um mehr kulturelles Verständnis bemühen, um effektiver mit Menschen anderer Herkunft zusammenarbeiten zu können. Als Grundlage dafür brauchen wir gegenseitige Anerkennung, Respekt, Ehrerbietung und Integrität.

In diesem Band der Reihe *Begleiter auf den 7 Wegen zur Effektivität* haben wir ein bewährtes Prinzip des Konzeptes der *Sieben Wege zur Effektivität* von Stephen R. Covey vereinfacht dargestellt, um Ihnen zu ermöglichen, mit besserer Kommunikation und Menschenkenntnis eine gemeinsame Basis für alle Beteiligten zu finden.

In diesem Buch gibt es keine Anweisungen, denen man folgen muss. Keine Instruktionen. Keine Vorschriften. Und keine Formeln für den Erfolg. Stattdessen finden Sie eine Sammlung von anregenden Fragen, inspirierenden Zitaten und lehrreichen Anekdoten, die Ihnen helfen können, mit den Herausforderungen der Zusammenarbeit zurechtzukommen.

Wenn Sie jetzt umblättern, lesen Sie nicht nur mit dem Verstand – lesen Sie auch mit Ihrem Geist, mit Ihrer Seele! Denken Sie über das Gelesene nach. Erwägen Sie, welchen Nutzen das kreative Potenzial haben könnte, das unterschiedliche Standpunkte und Lebensweisen mitbringen. Lassen Sie sich von der Weisheit dieser Worte anregen und spielen Sie eine aktive Rolle beim Aufbau einer Gesellschaft, in der Unterschiede geachtet werden, Vielfalt geschätzt wird und in der der menschliche Geist sich erhebt.

Machen Sie es sich zur Gewohnheit,

synergistisch und kreativ zu handeln.

Weg 6:

Synergie erzeugen

Durch Zusammenarbeit mehr erreichen

Wahrnehmung

Wer wirklich effektiv ist, hat die Bescheidenheit und Ehrfurcht, seine eigenen Wahrnehmungsgrenzen anzuerkennen und die reichen Ressourcen zu schätzen, die durch Interaktion mit den Herzen und Köpfen anderer Menschen verfügbar werden.

Stephen R. Covey, Die sieben Wege zur Effektivität

Wenn du lernst, für andere zu leben, dann werden sie lernen, für dich zu leben.

Paramahansa Yogananda

Zeige dich

und sei dir deiner Präsenz bewusst.

Beurteile einen Fremden nicht zu streng.

Denke daran, dass jeder Fremde, den du triffst, du selbst sein könntest.

Sidney Sheldon

Die einzige Methode, mit Leuten, mit denen man nichts gemeinsam hat, ein Gespräch durchzustehen, ist eine kleine Talkshow zu veranstalten. Man stellt sich vor, man säße hinter einem kleinem Schreibtisch und der andere säße davor und werde interviewt. Das Einzige, was man nicht tun kann, ist zu sagen: »Oh, leider ist die Zeit schon um. Es war sehr nett, Sie hier zu haben.«

Jerry Seinfeld

Wir sind
die **Leute**,
vor denen uns
unsere Eltern
immer **gewarnt**
haben.

Jimmy Buffett

Erkenne deine eigenen Schwächen, Leidenschaften und Vorurteile, damit du sie von dem unterscheiden kannst, was du siehst. Sei dir außerdem bewusst, wann du eine Sache zu Ende gedacht hast und wann du überhaupt nicht gedacht hast … Nur wer sich selbst und die Fakten kennt, kann beurteilen, ob sich eine Situation zum eigenen Vorteil verändern lässt oder nicht. Wenn das nicht möglich ist, oder wenn man nicht weiß, wie man die Dinge verbessern kann – dann sollte man mit der nötigen Selbstdisziplin die gebotenen Anpassungen akzeptieren.

Bernard Baruch

Viele der Wahrheiten,
an denen wir festhalten,
sind nur das Ergebnis
unseres eigenen Stand-
punktes.

Sind Sie aufmerksam?

- **Achten Sie mehr darauf, wie andere Menschen leben.**
  Betrachten Sie es als Lernerfahrung. Aber stören Sie sich nicht am Lebensstil anderer, nur weil Sie anders leben.

- **Seien Sie zu jeder Zeit Sie selbst.**
  Wenn Sie mit anderen arbeiten möchten, müssen Sie aufrichtig sein. Man durchschaut Sie wie eine Klarsichthülle.

- **Verringern Sie Ihre negative Haltung.**
  Versuchen Sie, auch andere Standpunkte zu verstehen. Nicht jedes Problem ist wirklich eines. Die meisten sind versteckte Möglichkeiten. Also halten Sie Ihre Augen offen.

- **Konzentrieren Sie sich auf die Gegenwart.**
  Vergessen Sie, was andere Ihnen in der Vergangenheit angetan haben mögen. Verzichten Sie auf Vorwürfe oder Abneigung. Es ist sinnlos, daran festzuhalten, wenn Sie in der Gegenwart auf Synergien setzen wollen.

- **Wenn Sie jemand ärgert, greifen Sie ihn nicht persönlich an.**
  Niemals sollten Sie jemanden in Gegenwart anderer angreifen. Entweder sprechen Sie die Person unter vier Augen an, wenn Sie sich beruhigt haben, oder Sie verbuchen es als sein oder ihr eigenes Problem.

- **Arbeiten Sie jeden Tag an Ihrer Wahrnehmung.**
  Sie müssen ständig an Ihrer bewussten Wahrnehmung arbeiten. Lernen Sie die Beiträge anderer wertzuschätzen. Sie selbst haben nicht alle Antworten, also erwarten Sie sie auch nicht von anderen.

Einen Menschen zu hassen

ist, als würde man das eigene Haus abbrennen,
nur weil man eine Ratte verjagen will.

Harry Emerson Fosdick

Wir machten einmal eine Sendung, bei der Opfer von Verbrechen mit den Tätern konfrontiert wurden. Ein 17-jähriges Mädchen trat live dem Mann gegenüber, der sie unglaublich misshandelt und sie dann zum Sterben liegen gelassen hatte. Sie musste 17 Gesichtsoperationen überstehen, bis sie einigermaßen wieder hergestellt war. Doch sie sagte zu diesem Mann: »Ich hasse Sie nicht. Ich hasse, was Sie mir angetan haben. Und ich musste lernen, zu vergeben, damit ich überhaupt weiterleben konnte.« Das war das Beeindruckendste, was ich bis zu diesem Tage gesehen habe. In diesem Moment machte sie uns klar, wozu wir alle hier sind: um leben zu lernen trotz der herrschenden Bedingungen, und um zu lernen, **die Angst als menschlichen Zustand zu überwinden.** Der Alltag nimmt uns oft so sehr gefangen, dass wir die Suche nach dem Sinn darüber vergessen. Zu verstehen, dass diese Suche der aufregendste Teil des Menschseins ist, hat mein Leben revolutioniert.

Oprah Winfrey

Ihr Verstand arbeitet am besten, wenn Sie ihn öffnen.

Vielfalt

Wer wirklich effektiv ist, würdigt die Unterschiede in der Wahrnehmung anderer, da sie zu seinem Wissen und seinem Verstehen der Wirklichkeit beitragen. Wenn wir ganz unseren eigenen Erfahrungen überlassen sind, leiden wir beständig an Datenmangel.

Stephen R. Covey, Die sieben Wege zur Effektivität

Seid gegrüßt!

Ich freue mich zu sehen, dass wir unterschiedlich sind. Mögen wir zusammen mehr sein als die Summe von uns beiden.

Mr. Spock in »Star Trek«

Irgendwann einmal beschwerte ich mich bei meinem Vater,

dass ich nicht in der Lage sei, die Dinge genau so anzugehen,

wie andere es machen.

Was er mir geantwortet hat?

»Margo,

sei kein Schaf!

Die Leute hassen Schafe, sie essen Schafe.«

Margo Kaufman

Alles, was uns an anderen irritiert, kann zu einem besseren Verständnis von uns selbst führen. Probieren Sie immer wieder die Schuhe von anderen an.

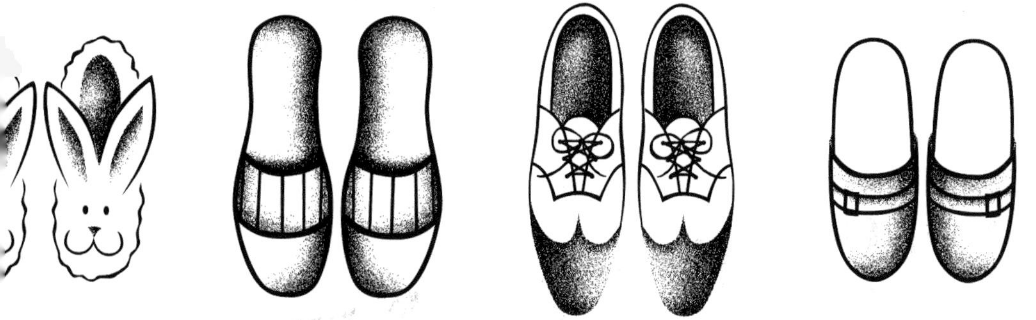

Sie müssen wissen,
dass Sie ganz und gar
Sie selbst sein können
und trotzdem
dazugehören.

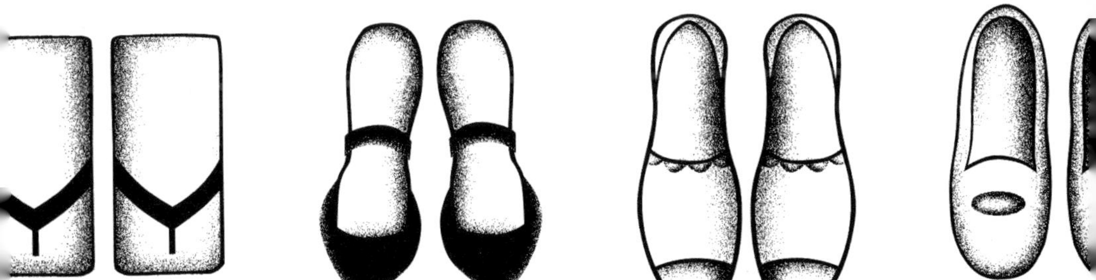

It's a bittersweet symphony, that's LIFE.

The Verve

Teile die Gemeinsamkeiten

Feiere

die Unterschiede

M. Scott Peck

Ihr Geklonten seid einer wie der andere!

© Ashleigh Brilliant

Der Schildkröten-Test

Einer der wichtigsten Menschen, die Sie in- und auswendig kennen, sind Sie selbst. Die meisten von uns kennen das »Schildkröten-Verhalten«: Wenn wir mit etwas konfrontiert werden, das unsere Werte und Einstellungen, deren wir sicher zu sein glauben, infrage stellt, dann ziehen wir uns in unseren selbst errichteten Panzer zurück. Mit dem folgenden Test können Sie Ihr Schildkröten-Verhalten testen. Bewerten Sie jede der Aussagen mit **1 bis 5 Punkten (1 = praktisch nie, 3 = manchmal, 5 = fast immer).**

_______ Wenn mir jemand widerspricht, fange ich sofort an, darüber zu streiten.
_______ Ich tendiere dazu, mir schnell eine Meinung zu bilden.
_______ Wenn ich etwas gefragt werde, wirke ich mit meiner Antwort oft sicherer, als ich es wirklich bin.
_______ Ich möchte lieber gewinnen als Recht haben.
_______ Ich weiß mindestens so viel oder mehr als die Leute, mit denen ich täglich zusammen bin.
_______ Wenn ich mich einmal für etwas entschieden habe, dann bleibe ich fast immer dabei.
_______ Wenn ich feststelle, dass ich Unrecht habe, fällt es mir schwer, das einzugestehen.
_______ Ich verbringe so wenig Zeit wie möglich mit Menschen, die klüger sind als ich.
_______ Ich kann besser reden als zuhören.
_______ Ich halte meine persönliche Entwicklung für abgeschlossen.

Addieren Sie die Bewertungen. Bei **10 bis 15** Punkten sind Sie auf dem richtigen Wege. Weiter so. Wenn Sie zwischen **16 und 35** liegen, sollten Sie Ihre Schildkröten-Gewohnheiten aufmerksam beobachten und sie möglichst ändern. Im Bereich von **36 bis 40** gehören Sie klar zu den Anwärtern für den Club der Besserwisser und Rücksichtslosen. Es ist Zeit für etwas mehr Bescheidenheit, Einsicht und eine Generalüberholung Ihres Lernverhaltens. Bemühen Sie sich, wirklich zu verstehen!

Phillip C. McGraw

Vorurteile werden definitiv nicht angeboren, sie werden vermittelt. Das Einzige, was mein zweijähriger Sohn hasst, ist sein **Mittagsschlaf!**

Denis Leary

In dieser Generation haben wir nicht nur die hasserfüllten Worte und Taten der bösen Menschen zu bereuen, sondern auch das schreckliche Schweigen der guten Menschen.

Martin Luther King, Jr.

Warum ist es immer einfacher, etwas abzulehnen, als es zu verstehen?

Akzeptanz

Sie können in Ihrem Innern sogar inmitten einer sehr feindlichen Umgebung synergistisch sein. Sie müssen Beleidigungen nicht persönlich nehmen. Sie können negativer Energie ausweichen. Sie können nach dem Guten in anderen Ausschau halten und dieses Gute, so fremd es zunächst auch sein möge, einsetzen, um Ihre Sichtweise zu verbessern und Ihre Perspektive zu vergrößern.

Stephen R. Covey, Die sieben Wege zur Effektivität

Akzeptanz bedeutet nicht Unterwerfung;

es bedeutet Anerkennung der jeweiligen Fakten. Und die anschließende Entscheidung, wie man damit umgeht.

Kathleen Casey Theisen

Sie

können nicht von Angesicht zu Angesicht mit denen reden, auf die Sie herabsehen.

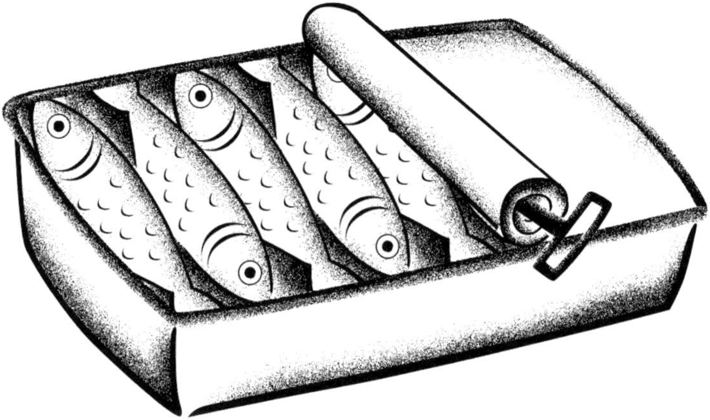

Ich weiß, dass ich einen ziemlich einseitigen Geschmack habe: Ich mag Sardellen. Und die sind nicht jedermanns Sache. Würde ich Kartoffelchips mögen, käme ich sicher mehr herum.

Tori Amos

Die Kunst der Anerkennung

besteht darin, in jemandem, der einem einen kleinen Gefallen getan hat, den Wunsch zu wecken, es wäre ein größerer gewesen.

Russell Lynes

Wie gut können Sie sich mit Tatsachen abfinden?

Ihr Chef hat die Idee einer neuen Kollegin aufgegriffen.
Sie denken: Diese kleine Schleimerin. Der werde ich das Leben zur Hölle machen.
Ersetzen Sie diese Gedanken durch: Ich muss zugeben, es war eine gute Idee. Ich werde mir ihre Vorschläge demnächst besser anhören.

Ihr derzeitiger Freund fordert mehr Freiraum.
Sie denken: Du lügst. Du bist nur wieder hinter den Supermodels her.
Ersetzen Sie diese Gedanken durch: Gut. Ich habe mein Leben. Wenn es funktionieren soll, wird es funktionieren.

Ihr bester Freund weist Sie vorsichtig auf einen Ihrer Fehler hin.
Sie denken: Als wenn du perfekt wärst.
Ersetzen Sie diese Gedanken durch: Ich weiß, dass das eine Schwäche von mir ist. Ich muss daran arbeiten. Danke.

Ein Ausländer zieht in die Nachbarwohnung ein.
Sie denken: Die sind wirklich völlig anders als wir. Wir haben absolut nichts gemeinsam.
Ersetzen Sie diese Gedanken durch: Sie sehen interessant aus. Ich werde klingeln und mich als Nachbar vorstellen.

Wenn Sie etwas als gegeben akzeptieren, bedeutet das nicht, dass Sie die bestehenden Möglichkeiten ignorieren. Es bedeutet nur, dass Sie sich gelegentlich selbst überraschen können, indem Sie eine andere als die gewohnte Perspektive einnehmen.

Zu erwarten, dass die Welt gerecht zu einem ist, weil man sich selbst für gut hält, ist ungefähr so, als würde man von einem Stier erwarten, dass er einen nicht angreift, weil man selbst Vegetarier ist.

Dennis Wholey

Diejenigen, die etwas können,

tun es.

Diejenigen, die es nicht können,

kritisieren andere.

In jeder Gemeinschaft gibt es Dinge,
die getan werden müssen ...

In jedem Herzen liegt die Kraft, sie zu tun.

Marianne Williamson

Liebe

ist die Bereitschaft, eine andere Person mit allen ihren Fehlern und Begrenzungen zu akzeptieren und unendlich dankbar dafür zu sein, dass diese andere Person dich ebenso akzeptiert.

Harold S. Kushner

Wenn die Menschen Ihren
Ansprüchen nicht genügen,
sollten Sie vielleicht
Ihren **Maßstab überprüfen.**

Eines Tages werden es unsere Nachkommen für unvorstellbar halten, warum so viel Aufmerksamkeit auf die Hautfarbe, die Form der Augen oder auf Geschlechtsunterschiede verwendet wurde – anstatt sich mit der einzigartigen Identität von jedem Einzelnen von uns als komplexem menschlichem Wesen zu befassen.

Franklin Thomas

Würdigung

Einigkeit – und Einheit – mit uns selbst, mit denen, die wir lieben, mit unseren Freunden und Kollegen ist die größte Kostbarkeit, die uns das Prinzip der 7 Wege beschert. Viele von uns haben dieses Geschenk von Zeit zu Zeit in der Vergangenheit genossen, aber wir haben auch die Bürde der Uneinigkeit kennen gelernt – und haben erkannt, wie wertvoll und zerbrechlich Einigkeit ist.

Stephen R. Covey, Die sieben Wege zur Effektivität

Verurteile niemanden vorschnell, weil er nicht das Gleiche tut oder denkt, das du denkst, oder weil er es nicht genauso schnell tut. Es gab eine Zeit, zu der auch du nicht wusstest, was du heute weißt.

Malcolm X

Seine Arbeit mit Liebe zu verrichten,

bedeutet zu wissen, **wofür** man einsteht, und nicht, **wogegen** man vorgeht.

Christina Baldwin

Unser gegenseitiger Glaube an uns

einigt und ermutigt uns,

für den anderen der

Beste zu sein.

Sarah McLachlan

Die

wahre Größe

eines Menschen

erkennt man nicht in Zeiten der Harmonie und der Behaglichkeit, sondern in Zeiten von Herausforderungen und Kontroversen.

Martin Luther King, Jr.

Sind Sie beziehungsfähig?

Antworten Sie auf die nachfolgenden Fragen mit »richtig« oder »falsch«. Denken Sie vor Ihrer Antwort an konkrete Beispiele aus Ihrem Leben.

- ❏ Ich verlange Perfektion von mir und von jedem in meinem Umfeld.
- ❏ Ich bin überrascht, wenn andere mich oder meine Ideen nicht mögen.
- ❏ Die Leute versprechen mir immer viel und halten nichts davon.
- ❏ Ich habe nicht viele Freunde, denen ich wirklich vertraue.
- ❏ Von »Political Correctness« habe ich die Nase voll. Ich muss nicht jeden mögen.
- ❏ Die Meinung anderer Leute über mich ist mir gleichgültig.
- ❏ Ich mag keine Veränderungen.
- ❏ Ich arbeite besser allein als in Gruppen.
- ❏ Ich habe eine eher negative Grundhaltung.
- ❏ Ich fürchte, die Leute könnten herausfinden, dass ich ganz anders bin, als ich scheine.

Wenn Sie die Mehrzahl der Aussagen mit »richtig« bewertet haben, dann sollten Sie Ihre negative und einengende Sichtweise ablegen. Um sich selbst zu erkennen, müssen Sie die Lebensweise und Handlungen der anderen kennen. Lernen Sie aus der menschlichen Natur und würdigen Sie den Beitrag, den jeder leistet. Wenn Sie überwiegend das Prädikat »falsch« vergeben haben, dann sind Sie mit sich selbst im Reinen und kommen mit anderen Menschen gut aus. Sie sind ein fortgeschrittener Schüler des Lebens und können von anderen lernen.

Ich habe die Erfahrung gemacht,

dass einem oft genau die Leute wieder aufhelfen, von denen man erwartet hätte, dass sie noch nach einem treten, wenn man am Boden liegt.

unbekannt

So viele der negativen Schlussfolgerungen, die wir aus dem Leben ziehen, sind falsch, dumm und übertrieben.

Ein Beispiel: Es ist wahrscheinlich nicht wahr, dass die ganze Welt ständig darauf aus ist, uns irgendwann eins auszuwischen. (In der Tat trifft dies für höchstens 20 Prozent zu. Die anderen haben unsere Adresse – für alle Fälle.)

Wir sind nicht nur für uns selbst auf dieser Erde, sondern auch füreinander. Wenn du stets für andere da bist, dann wird in Zeiten der Not auch jemand für dich da sein.

Jeff Warner

Wenn du über andere urteilst, hast du keine Zeit, sie zu lieben.

Mutter Teresa

Integration

Einfach gesagt bedeutet Synergie, dass das Ganze größer ist als die Summe seiner Einzelteile. Das heißt, dass die Beziehungen der Teile untereinander selbst ein Teil sind. Und dies ist kein beliebiger, sondern der fruchtbarste, am meisten Kraft spendende, vereinendste und aufregendste Teil.

Stephen R. Covey, Die sieben Wege zur Effektivität

Schaue niemals auf jemanden herab, es sei denn, du hilfst ihm auf.

Jesse Jackson

Dein Leben läuft am besten, wenn du dich für das entscheidest, was du hast.

unbekannt

Ich habe die Erfahrung gemacht,

dass die Familie nicht immer für einen da sein wird. Es mag komisch klingen, aber auch Menschen, mit denen man nicht verwandt ist, können sich um einen sorgen und einen dazu bringen, anderen wieder zu vertrauen. Familien sind nicht nur biologisch definiert.

unbekannt

Echte Schwestern – das ist ein Pulk von Frauen, die mit M&Ms um sich werfen und sich köstlich amüsieren.

Maxine Wilkie

Beginne heute damit:

Behandle jeden so, als ob er nur noch bis Mitternacht zu leben hätte.
Gib alle Fürsorge, Freundlichkeit und Zuwendung, die du aufbringen kannst.
Gib sie in der Erwartung, nichts dafür zurückzubekommen.

Dein Leben wird nie mehr so sein, wie es vorher war.

Og Mandino

Kooperation wird mit drei Buchstaben geschrieben:

WIR.

Die Menschen, über
die wir uns am meisten
aufregen, sind unsere
besten Lehrer.

Ich bin zu der Auffassung gelangt, dass mein ganzes Leben der Gemeinschaft gehört und dass es mein Privileg ist, ihr zu dienen, solange ich lebe. Wenn ich sterbe, möchte ich deshalb auch wirklich »verbraucht« sein. Denn je mehr ich arbeite, umso mehr lebe ich. Ich freue mich am Leben an sich. Das Leben ist für mich keine schnell erlöschende Kerze, sondern **eine lodernde Fackel**, die ich für eine Zeit in der Hand halte und die ich während dieser Zeit so hell wie möglich leuchten lassen möchte, bevor ich sie an zukünftige Generationen weitergeben muss.

George Bernard Shaw

… Angst macht Fremde aus Menschen, die Freunde sein sollten.

Shirley McLaine

Zusammenarbeit

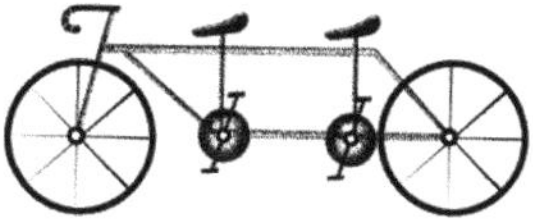

Je echter das Engagement eines Einzelnen ist, je ernsthafter und anhaltender seine Teilhabe bei der Analyse und Lösung von Problemen, desto größer ist die Freisetzung seiner Kreativität und sein Beitrag zum gemeinsamen Werk.

Stephen R. Covey, Die sieben Wege zur Effektivität

Es ist für einen Einzelnen nicht sonderlich aufregend, stärker als ein anderer zu sein. Aber wenn sich zwei gleichrangige Menschen treffen, und dann einer genauso stur, hartnäckig, leidenschaftlich und verrückt ist, wie der andere – das ist wirklich faszinierend.

Barbra Streisand

Neugierige Menschen stellen Fragen.

Entschlossene Menschen finden die Antworten.

Nenn es **Familie, Netzwerk, Stamm** oder **Clan.** Wie immer du es auch nennst, wer immer du bist, **du wirst es brauchen.**

Jane Howard

Jeder hat Anspruch auf seine eigene Meinung.

Aber missbrauchen Sie dieses Privileg nicht.

Einbahnstaßen
...sind nicht die einzigen Straßen.

Denke daran:

Wir alle können stolpern,
jeder von uns.
Deshalb ist es so beruhigend,
Hand in Hand zu gehen.

Emily Kimbrough

Die **Kombination des Wissens von vielen Einzelnen erzeugt mehr Wissen,** genauso wie die Kombination von Reis und Bohnen mehr Protein erzeugt.

Elizabeth Hilts

Nichts ist unmöglich,

solange du es nicht
selbst tun musst.

S y n e r g i e
ist faszinierend.
K r e a t i v i t ä t
ist faszinierend.

Es ist beeindruckend, was Offenheit und Kommunikation leisten können. Es lassen sich damit so bedeutsame Fortschritte erzielen, dass es sich lohnt, das Risiko dieser Offenheit einzugehen.

Stephen R. Covey

Außergewöhnliche Menschen denken

nicht

dasselbe.

Das macht sie außergewöhnlich.

Derek Weidl

Verstehen Sie sich gut mit anderen?

Es ist sehr beruhigend und anregend, mit etwas Größerem verbunden zu sein – mit etwas, das größer ist als man selbst und als das eigene Bewusstsein.

Joan Osborne

Wir alle sind Seelen, die menschliche Erfahrungen machen.

Brian Weiss

INNOVATION

Ineffektive Menschen leben Tag für Tag mit ungenutztem Potenzial. Sie erfahren Synergie in ihrem Leben nur in kleinen, nebensächlichen Dingen. Kreative Erfahrungen lassen sich jedoch regelmäßig, beständig, fast täglich im Leben vollbringen. Aber das erfordert große persönliche Sicherheit, Offenheit und Abenteuergeist.

Stephen R. Covey, Die sieben Wege zur Effektivität

Um ein Leben voller Kreativität zu leben,

müssen wir unsere

Angst vor dem Versagen

ablegen.

Joseph Chilton Pierce

In diesen bewegten, unsteten Zeiten sind diejenigen am glücklichsten, die Veränderungen **lieben**, die von etwas Neuem **entzückt** sind, einfach weil es anders als das Alte ist, die sich an jeder Innovation und an all dem **erfreuen** können, was es vorher nicht gegeben hat.

Agnes Repplier

Ich träume, um zu leben.

Steven Spielberg

Frag nicht länger: **»Was ist, wenn es nicht funktioniert?«**

Sondern:

»Was ist, wenn es funktioniert?«

Ich habe die Erfahrung gemacht,
dass Helden diejenigen Menschen sind, die tun, was zu tun ist, und es dann tun, wenn es notwendig ist – ungeachtet der Konsequenzen.

unbekannt

INNOVATION

ist der beste Weg, den Status quo kurzzuschließen.

Die Tatsache, dass über manche Genies gelacht wird, bedeutet nicht, dass alle, über die gelacht wird, Genies sind. Man lachte über Kolumbus, man lachte über da Vinci, man lachte über Benz und Daimler. Aber man lacht auch über manchen Comedystar.

Carl Sagan

TEAMWORK:

Mehr als ein paar gute Ideen.

Eine gute Idee kann irgendwann, von irgendwem, von irgendwoher kommen.

☆

Wer brillant sein will, darf sich nichts daraus machen, gelegentlich dumm auszusehen.

☆

Unterschiede und Vielfältigkeit stimulieren die Kreativität.

☆

Die meisten großen Ideen wurden vor ihrem Erfolg kombiniert und ausgearbeitet.

☆

Vergessen Sie die Regeln. Für Innovationen gibt es keine Regeln.

☆

Hängen Sie nicht zu sehr an Ihren eigenen Ideen. Sie werden durch mehr Input noch wachsen.

☆

Teamdenken ermöglicht jedem, seine Ideen in den Topf zu werfen.

☆

Seien Sie ein Teil des Puzzles und nicht das ganze Bild.

☆

Vertrauen Sie dem Team und seinem Feedback.

☆

Vergessen Sie nicht: Teams können Ziele verwirklichen, die ein Einzelner nie schaffen würde.

Originalität hat nichts mit Reihenfolge zu tun. Die Tatsache, dass die Tonart G-moll schon vor ihm benutzt wurde, macht aus Mozart noch keinen Raubkopierer.

Stephen Mitchell

Lösen Sie die eingefahrenen Bilder in Ihrem Kopf auf, beginnen Sie immer wieder neu, und nähern Sie sich einem Problem aus unterschiedlichen Blickwinkeln. **Schnuppern Sie nicht immer am gleichen Laternenpfahl.** Streifen Sie durch die ganze Nachbarschaft.

Luke Sullivan

You say I'm a dreamer, but I'm not the only one.

John Lennon

Synergie

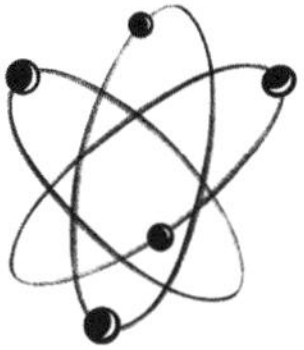

Die Basis von Synergie ist, die Unterschiede zu würdigen – sie zu respektieren, Stärken aufzubauen und Schwächen auszugleichen. Wenn jemand wirkliche Synergie erfahren hat, dann ist er nicht mehr derselbe Mensch. Er kennt nun die Möglichkeit, andere solcher Erweiterungen seines Verstandes in Zukunft zu nutzen.

Stephen R. Covey, Die sieben Wege zur Effektivität

Das wahre Wunder dieser Welt ist überall zu erkennen: in den kleinsten Zellen unseres Körpers, in den endlosen Weiten des Alls und in der Tatsache, dass alle diese Dinge miteinander in Verbindung stehen.

Michael Stark

Jedes Mal,
wenn du einem anderen
die Schuld gibst,
verschenkst du
eine Gelegenheit,
dich zu ändern.

Die Prinzipien der kreativen Kooperation

Bewahren Sie sich den Respekt vor der Vielfalt.
Jedermann ist so einmalig und einzigartig wie Sie.

Lernen Sie, sich auch in Gegenwart anderer zu entspannen.
Nicht einmal für ein Uhrwerk ist es gut, ständig überdreht zu sein.

Erkennen Sie andere Meinungen an, auch wenn Sie ihnen nicht zustimmen.
»My Way« ist einzig Sinatras Weg.

Sorgen Sie für Ausgewogenheit.
Es kommt auf das Geben und Nehmen an – ohne dabei kleinlich zu sein.

Seien Sie offen für neue Ideen.
Scheuklappen sind verboten.

Entwickeln Sie Vertrauen.
Damit anzufangen ist schwierig, aber es lohnt sich.

Entdecken und teilen Sie gemeinsame Interessen.
Verlassen Sie die alten Pfade und öffnen Sie sich für das Denken anderer.

Humor.
Gehen Sie niemals ohne aus dem Haus!

Keine ständigen Wiederholungen.
Damit liegen Sie immer schief – 100-prozentig.

Seien Sie Sie selbst.
Das genügt.

Tatsache ist: Es gibt nicht eine Spaß-Welt und eine Ernst-Welt. Es gibt nur die eine Welt, die wir sehen, mit Menschen, die an eine Vielzahl von Dingen glauben. Jeder glaubt an etwas, und jeder zieht aus diesem Glauben die Begründung für seine eigene Existenz.

Frank Zappa

Zusammenzukommen

bedeutet einen Anfang,

zusammenzubleiben

bedeutet Fortschritt,

zusammenzuarbeiten

bedeutet Erfolg.

Der einzige Grund, warum wir unser Herz und unseren Verstand nicht für andere öffnen, ist der, dass sie bei uns Verwirrung auslösen und wir uns nicht stark genug fühlen, damit umzugehen. Erst wenn wir klar und anteilnehmend auf uns selbst schauen, werden wir sicher und frei genug, jemand anderem in die Augen zu sehen.

Pema Chödrön

Wer der Masse folgt, wird auch nie weiter kommen als die Masse. **Wer aber allein geht,** der wird wahrscheinlich auch zu Orten vordringen, an denen vor ihm niemals jemand gewesen ist.

Alan Ashley-Pitts

Die Menschen, mit denen wir uns umgeben, sind wie Hämmer und Meißel, die uns formen. Die Reise unseres Lebens ist ein sich ständig neu entfaltendes Kunstwerk, das unsere Geschichte erzählt: wo wir waren und mit wem wir gereist sind.

Iyanla Vanzant

Das Problem mit den meisten Menschen ist ihr Problem mit den meisten Menschen.

VOLLENDUNG

In der fernöstlichen Philosophie heißt es: »Wir wollen nicht die Meister nachahmen, wir wollen suchen, was sie gesucht haben.« Genauso versuchen wir, nicht vergangene synergistische Erfahrungen zu imitieren, sondern suchen nach neuen, anderen und manchmal auch höheren Zielen.

Stephen R. Covey, Die sieben Wege zur Effektivität

Zuerst weigern sich die Leute zu glauben, dass etwas Neues funktionieren könnte. Dann hoffen sie, dass es doch klappen wird. Dann erkennen sie, dass es tatsächlich funktioniert. Und anschließend wundert sich alle Welt, warum es nicht schon vor Jahrhunderten erfunden wurde.

Frances Hodgson Burnett

Es gibt keinen Grund, sich in einem Paralleluniversum schräg eingeparkt zu fühlen.

Freuen Sie sich darüber, schräg zu sein.

Nebenbei gesagt: parallel einzuparken kann ganz schön schwierig sein.

Sie entscheiden sich, etwas zu tun, und beginnen damit, und schon kurz danach wächst die Sache, kommt in Schwung, und es gibt keinen Weg zurück. Irgendwie haben Sie trotz allen Nachdenkens und Planens nicht mit dem Tempo der Entwicklung gerechnet.

Amanda Cross

Mach dir keine Gedanken darüber, was andere Leute über dich denken.
Sie sind zu beschäftigt, um sich darüber Gedanken zu machen, was du über sie denkst. Wenn einer deiner Träume zerstört wird und in tausend Scherben zerbricht, hab keine Angst, ein Stück davon aufzuheben und wieder von vorne zu beginnen.

Flavia Weedn

Das Einzige,
was man aus einer Bedienungsanleitung
lernen kann, ist,
der Bedienungsanleitung zu folgen.

Ich habe die Erfahrung gemacht,
dass unsere Herkunft und unserem Lebensumstände Einfluss darauf haben, wer wir sind. Aber wir sind für das verantwortlich, was wir werden.

unbekannt

Geld ist das, was unbegabte Menschen ausgeben, um Punkte zu machen.

Jeremy C. Epworth

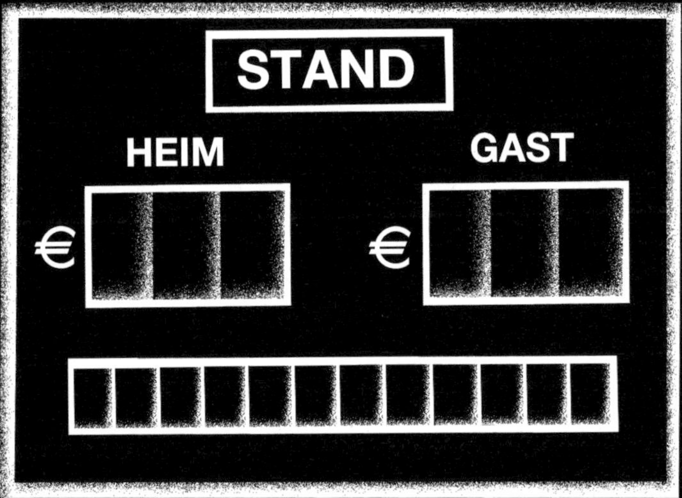

Der Weg ist weit – lass uns zusammen gehen.

Der Weg ist schwierig – lass uns einander helfen.

Der Weg ist schön – lass ihn uns gemeinsam erleben.

Der Weg gehört nur uns allein – lass ihn uns in Liebe begehen.

Der Weg erstreckt sich vor uns – lass uns losgehen.

Zen-Weisheit

Ein Vermögen zu machen ist einfach. Einen Charakter zu entwickeln ist schon viel schwieriger.

Tom Brokaw

Umwandlung

Synergie könnte einen neuen Kontext für die nächste Generation schaffen – einen, der mehr an Dienen und Beisteuern orientiert und weniger bevormundend, feindlich und selbstsüchtig ist; einen, der offener, vertrauensvoller, großzügiger und weniger abwehrend, protektiv und interessegeleitet ist; einen, der liebevoller und fürsorglicher, weniger besitzergreifend und urteilend ist.

Stephen R. Covey, Die sieben Wege zur Effektivität

You say
you want
a revolution,
Well you
know,
we all want
to change
the world.

Paul McCartney & John Lennon

Genau in dem Augenblick, in dem die Raupe dachte, die Welt gehe unter, wurde sie zu einem Schmetterling.

unbekannt

Wenn Sie meinen, eine Person allein könne nichts bewirken, dann überlegen Sie mal, was ein einziger Zigarrenraucher in einem gut besetzten Restaurant anrichten kann.

Transzendenz ist die Macht, wiedergeboren zu werden, noch einmal neu zu beginnen, eine neue Seite aufzuschlagen, die Tafel neu zu beschreiben, in den Zustand der Gnade einzutreten, eine zweite Chance zu haben. Denn Transzendenz ist ein immer neuer Daseinszustand. Wenn du in ihn eintrittst, erfüllt sich jeder Moment mit neuen Möglichkeiten, die du vorher nie für möglich gehalten hättest.

Robert Fritz

Es gibt nur ein Jetzt,

nur ein Hier.

Gib Liebe oder lebe in Furcht.

Es gibt keinen anderen Pfad,

keinen anderen Weg,

keinen anderen Tag,

nur das

Heute.

Aus dem Musical »Rent«

Nur in **Wachstum, Neuordnung und Wandel** findet sich, so paradox das klingen mag, **wahre Sicherheit.**

Anne Morrow Lindbergh

Ich bin nicht mehr dieselbe,

nachdem ich den Mond auf der anderen

Seite der Welt habe scheinen sehen.

Maryanne Radmacher-Hershey

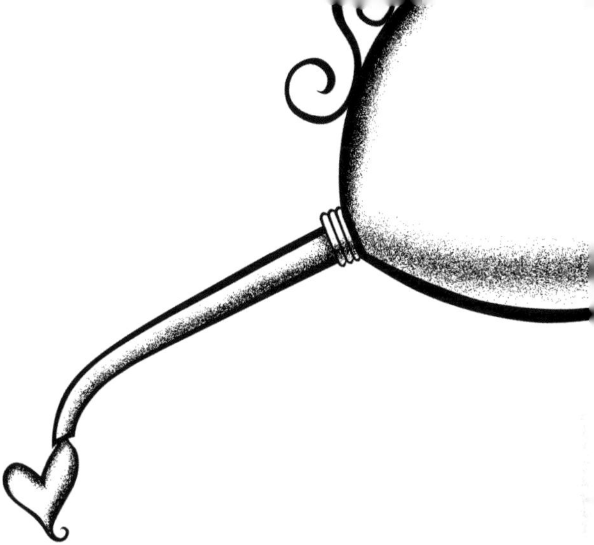

Freundlichkeit ist das Öl, das die Reibungsverluste aus dem Leben nimmt.

Viel zu oft glauben wir, den großen Kläffer spielen zu müssen, um uns hervorzuheben. Statt dessen sollten wir lieber versuchen, kleine Stechmücken zu sein: Viele Mücken, die strategisch stechen, können einem großen Hund schwer zu schaffen machen.

Marian Wright Edelman

Do the right thing.

Spike Lee

Über Franklin Covey

Franklin Covey ist die größte Gesellschaft für Zeitmanagement- und Persönlichkeitsentwicklung der Welt. Unser Service und unsere Produkte, die auf erprobten Prinzipien basieren, werden von mehr als 15 Millionen Menschen weltweit genutzt. Wir arbeiten mit einer Vielzahl von Kunden, sehr großen wie auch kleineren Unternehmen, Gemeinschaften und Organisationen. Sie kennen uns vielleicht durch unseren weltbekannten Franklin Planner oder eines unserer Bücher über die sieben Wege. Übrigens wurden mehr als 15 Millionen der Franklin Covey-Bücher weltweit verkauft – mehr als 1,5 Millionen pro Jahr. Aber vielleicht wissen Sie noch nicht, dass Franklin Covey auch Training für Unternehmensführung, Motivations-Workshops, persönliches Training, Audio- und Videoaufnahmen sowie das *Priorities Magazine* anbietet, um nur einige Tätigkeitsfelder zu nennen.

Sagen Sie uns Ihre Meinung

Wir würden gern Ihre Vorschläge oder Kommentare über *Kreativität* hören.

www.franklincovey.com/portable7

The Portable 7 Habits
Franklin Covey
MS0733-CK
220 West Parkway Boulevard
Salt Lake City, Utah 84119-2331
USA

www.franklincoveyeurope.com

Franklin Covey Europe
Grimsbury Manor
Grimsbury Green
Banbury
Oxfordshire OX16 3JQ
United Kingdom

Quellen

Nachdruck mit freundlicher Genehmigung von Ashleigh Brilliant.

www.ashleighbrilliant.com

Auszug aus *The Life Strategies Workbook: Exercices and Self-Tests to Help You Change Your Life* von Phillip C. McGraw. Hyperion 2000. Nachdruck mit freundlicher Genehmigung.

Literatur

Arrien, Angeles/Eisler, Rianne/Haessly, Jacqueline, *Working Together: Producing Synergy by Honoring Diversity*, San Francisco 2001.

Brilliant, Ashleigh, *We've Been Through So Much Together and Most of It Was Your Fault*, Beaverton 1997.

Bucher, Richard D., *Diversity Consciousness: Opening Our Minds to People, Cultures, and Opportunities*, New Jersey 1999.

Campbell, Andrew/Sommers, Kathleen, *Strategic Synergy*, London 1998.

Covey, Stephen R., *Die sieben Wege zur Effektivität. Ein Konzept zur Meisterung Ihres beruflichen und privaten Lebens*, Frankfurt/New York 2000.

Covey, Stephen R., *So leben Sie »Die sieben Wege zur Effektivität«. Das bewährte Covey-Erfolgskonzept in der Praxis*, Frankfurt/New York 2000.

Covey, Stephen R., *Principle-Centered Leadership: Strategies for Personal and Professional Leadership*, New York 1993.

Eli, Quinn, *Many Strong and Beautiful Voices*, Philadelphia 1997.

Fritz, Robert, *Den Weg des geringsten Widerstands managen. Energie, Spannung und Kreativität im Unternehmen*, Stuttgart 2000.

Graham, Lawrence Otis, *Proversity: Getting Past Face Value and Finding the Soul of People – A Manager's Journey*, New York 1997.

Hateley, Barbara J./Hateley, Warren H./Schmidt, Barbara, *A Peacock in the Land of Penguins: A Tale of Diversity and Discovery*, Maidenhaid 2001.

Hunter, Dale/Bailey, Anne/Taylor, Bill, *The Art of Facilitation: How to Create Group Synergy*, Cambridge 1995.

Jones, Shirley Ann, *Simply Living: The Spirit of the Indigenous People*, Novato 1999.

McGraw, Phillip C., *Lebensstrategien. 10 Regeln, damit Ihnen das gelingt, worauf es im Leben ankommt*, Landsberg 2002.

Michalski, Walter J./King, Dana K., *40 Tools for Cross-Functional Teams: Building Synergy for Breakthrough Creativity*, Vol. 2, Portland 1998.

McAlindon, Harold R., *The Little Book of Big Ideas*, Nashville 1999.

Singer, Madeleine, *Psychology of Synergy: A Guide to Personal Power*, Tempe 1991.

Sullivan, Luke, *Hey, Whipple, Squeeze This. A Guide to Creating Great Ads*, New York 1998.

Trompenaars, Fons/Hampden-Turner, Charles, *Riding the Waves of Culture: Understanding Cultural Diversity in Global Business*, London 1997.

Vanzant, Iyanla, *Faith in the Valley*, New York 1998.